劳动教育基础教程

主　审　邓江武

主　编　周　志

副主编　李　庆　程延武　余红梅

参　编　胡艺文　徐　洁　陈琼琛

　　　　汤晓文

中国商务出版社

【内容简介】 本教材以《中共中央 国务院关于全面加强新时代大中小学劳动教育的意见》为指导,紧扣新时代劳动教育的要求,注重引导学生对劳动产生情感认同、理性认知和实践自觉,在系统的文化知识学习之外,有目的、有计划地组织学生参加日常生活劳动、生产劳动和服务性劳动,充分挖掘优势教育资源,融合劳动精神、工匠精神和劳模精神,着力提升学生的劳动综合素养和劳动能力,让学生动手实践、出力流汗,接受锻炼、磨炼意志,培养学生正确劳动价值观和良好劳动品质。

本教材理论结合实际,具有时代性、实用性等特点,可作为学校开展劳动教育的参考用书。

图书在版编目(CIP)数据

劳动教育基础教程 / 周志主编. —北京:中国商务出版社,2020.8(2022.8 重印)

ISBN 978 - 7 - 5103 - 3427 - 6

Ⅰ.①劳… Ⅱ.①周… Ⅲ.①劳动教育 - 教材 Ⅳ.①G540 - 015

中国版本图书馆 CIP 数据核字(2020)第 122853 号

劳动教育基础教程
LAODONG JIAOYU JICHU JIAOCHENG

主编 周志

出　　　版	中国商务出版社
地　　　址	北京市东城区安定门外大街东后巷 28 号　　　邮编:100710
责任部门	商务事业部
总 发 行	中国商务出版社发行部(010 - 64266193 64515150)
直销电话	010 - 64255862
网　　　址	http://www.cctpress.com
网络零售	http://shop162373850.taobao.com/
排　　　版	涿州一晨文化传播有限公司
印　　　刷	天津市蓟县宏图印务有限公司
开　　　本	787 毫米×1092 毫米　　　1/16
印　　　张	15.25　　　字　　　数:374 千字
版　　　次	2022 年 8 月第 2 版　　　印　　　次:2022 年 8 月第 1 次印刷
书　　　号	ISBN 978 - 7 - 5103 - 3427 - 6
定　　　价	49.80 元

凡所购本版图书有印装质量问题,请与本社总编室联系。(电话:010 - 64212247)

Preface 前言

习近平在 2018 年 9 月全国教育大会讲话中指出："坚持中国特色社会主义教育发展道路，培养德智体美劳全面发展的社会主义建设者和接班人。""要在学生中弘扬劳动精神，教育引导学生崇尚劳动、尊重劳动，懂得劳动最光荣、劳动最崇高、劳动最伟大、劳动最美丽的道理，长大后能够辛勤劳动、诚实劳动、创造性劳动。""要努力构建德智体美劳全面培养的教育体系，形成更高水平的人才培养体系。"

把学生基础劳动教育列入高校专业人才培养方案，作为重要的公共德育必修课，是一种可贵的探索创新。大学生基础劳动教育课程由理论教学和劳动实践周教学组成。其中，劳动实践周教学以校园室内外卫生保洁和环境美化为主要内容，旨在通过校园劳动，增强广大学生的劳动观念和意识，端正劳动态度，形成尊重劳动、热爱劳动、积极参加劳动的良好氛围，提升基础劳动技能，培养行为习惯良好的高素质大学生。

本教材以高等院校学生为对象，结合实际，编写形式力求灵活多样；内容力求实用，避免理论说教；语言风格力求生动活泼、通俗易懂；案例选取力争真人真事。适合大学生自学，也适合作为高校辅导员和有关教师的教育教学参考用书。

本教材由邓江武担任主审，编写分工如下：周志负责编写第一章，李庆负责编写第二章,程延武负责编写第三章,余红梅负责编写第四章,胡艺文负责编写第五章,徐洁负责编写第六章,陈琼琛负责编写第七章,汤晓文负责编写附录。本教材将科学性、实用性、通俗性、趣味性融为一体,为高校培养既具有基本理论素养又具备一定实践操作能力的通识型人才提供有益的帮助,也为大学生的全面发展和健康成长提供有益的指导。

由于编者水平所限,本教材可能存在某些不足,诚望专家和同行不吝赐教,以便我们把大学生的教育教学工作做得更好。

编　者

Contents

目录

微课目录

第一部分
劳动教育的基础知识

第一章　劳动教育概述

学习目标

知识目标

1. 了解劳动的基本概念
2. 了解新时代劳动教育的使命

能力目标

1. 掌握基本生活自理能力
2. 能够科学合理地进行体育锻炼

思政目标

1. 正确地认识劳动
2. 科学地从事劳动

某高校设置劳动必修课，内容涉及打扫校园清洁卫生、门岗执勤、学校食堂餐盘清理、参与校园绿化维护等，劳动教育直接与学分学时挂钩，每学期上满24学时，才能获得2个学分。

有人质疑，这是把学生当成免费劳动力？对此，学校解释说，这是学校人才培养教育的内容之一，旨在培养学生劳动意识。为开展劳动必修课，学校不仅没有减少开支、减少后勤人员，还拨付专用资金购买服装、劳动工具，安排专门辅导老师指导课程。

参加劳动教育必修课的小邓表示，平时在家她也会做家务，觉得劳动课的方式很好，因为所学专业经常抱着电脑敲代码，课余生活比较单调，参与劳动可以调节生活，在食堂劳动的时候和阿姨聊天也很开心。"昨天我们小组干完活后，拍了大合照，我还主动发给家人看，他们说挺好的。"小邓说。

另外一名同学也表示认同学校将劳动教育安排成强制性课程的决定，自己把这样的课程当成一种体验，加上劳动课程时间不长，在可接受的范围内，既可以锻炼自己的能力，也能体验到劳动不易。

第一节　劳动及劳动教育

一、劳动及劳动教育的内涵

（一）劳动的含义

1. 劳动的概念

劳动是发生在人与自然界之间的活动，其实质是通过人的有意识的、有一定目的的自身活动来调整、控制自然界，使之发生物质变换，即改变自然物

劳动的含义

的形态或性质,为人类的生产生活和自己的需要服务。

2.劳动的内涵和外延

劳动是人类生存之本,劳动可以培养人的吃苦耐劳精神、独立意识和自主能力,还可以增加幸福感,培养乐观、积极、健康的心态。

劳动也是人类实践活动的一种特殊形式,本书所述的劳动为基础劳动教育实践,是以促进学生形成劳动价值观(即树立正确的劳动观念、积极的劳动态度,热爱劳动和劳动人民等)和养成劳动素养(有一定劳动知识与技能、形成良好的劳动习惯等)为目的的教育实践活动。劳动还与"劳动技术教育""通用技术教育"等概念相关。不过,"劳动技术教育"强调的是技术的学习,与职业定向存在更密切的关联;"通用技术教育"则是开展基础技术教育的课程形式,"通用技术"是其教育重点。换言之,劳动教育是面向所有教育对象的基础教育,而"劳动技术教育""通用技术教育"两个概念中虽也有"劳动"的要素,但较多指向具体技术或者通用技术的学习实践等,强调重点有显著差异。

我们所说的基础劳动,是人们在学习、生活、工作过程中,为创造一个良好的、舒心的环境,而进行的必要的且是最基本的劳动。比如,室内外环境卫生的清扫与维护(见图1-1),把各种物品科学合理地摆放整齐,一般绿化、植被的修剪与整理等等,都是最简单、最基本、最基础的劳动,也是我们学会做人做事最根本的需要。

图1-1 学生打扫校园

（二）劳动教育的内涵

劳动教育的内涵随着时代发展而不断丰富创新。但是至今部分教师、家长还是对劳动教育的内涵有所误解。在学校和家庭教育中,劳动常常窄化为参与简单的体力劳动,致使劳动教育成为与脑力劳动、日常学习无关的活动,被认为是学生的额外负担,也因此使劳动教育的价值没有得到彰显;劳动教育还被等同于技艺学习、娱乐活动、惩罚手段。这些现实畸变都和对劳动教育的内涵缺乏深度解读有关。

《教育大辞典》从劳动教育的内容和劳动素养出发,将劳动教育定义为"劳动、生产、技术和劳动素养方面的教育,旨在培养学生正确的劳动观点、劳动态度、劳动习惯,使学生获得工农业生产基本知识和技能"。

对劳动教育的基本内容,教育哲学奠基人黄济先生认为包含生产技术劳动、社会公益劳动、自我服务(生活自理)劳动等方面的教育。这一划分是从人的属性所表现的关系出发,分别对应人与自然的关系、人与社会的关系以及人与自我的关系,三种关系的协调发展决定人的三种属性均衡发展,决定人的整体属性的发展。而三种属性提高的过程就是人相应属性的工具性和价值性统一的发展过程。

劳动教育内涵的另一方面是劳动教育最终指向的结果——学生的劳动素养。黄济认为从基本素养来看,包含劳动观点、劳动态度和劳动习惯方面的教育。学者檀传宝也从劳动素养方面界定劳动教育,认为劳动教育是以提升学生劳动素养的方式促进学生全面发展的教育活动,并指出良好的劳动素养包括确立正确的劳动观点、积极的劳动态度、热爱劳动和劳动人民、形成劳动习惯、有一定劳动知识与技能、有能力开展创造性劳动等。可见,学生劳动素养集劳动价值观、劳动习惯与劳动知识与技能于一体。前者实际上是根据人类劳动属性的划分,从而产生对应的劳动教育内容,对劳动教育实践的展开具有较强针对性。后者是从人类生存需要的素养角度去界定,两者相互补充,共同构成劳动教育的内涵。

数字时代的劳动教育呈现出新特点,劳动教育是基于体力劳动与物质生产劳动、探索性创新劳动、艺术审美性劳动的实践活动,内容涵盖家庭生活中的独立生活、学习中的实践与动手操作、社会中的公益性活动以及各种职业劳动等。

二、新时代劳动教育的意义

大学生生命教育是引导大学生树立正确的生命观、探索生命意义、追求生命价值的教育过程。新时代大学生生命教育是突出教育的中国特色、推进教育现代化、提升教育影响力的关键环节。同样,劳动教育是引导大学生树立正确的劳动观和劳动态度的教育过程。劳动教育作为新时代人才培养的重要内容,既是新时代大学生生命教育的新呼唤、新内容,也是新探索。

(一)实现中华民族伟大复兴的题中之意

劳动是人类最基本、最普遍的活动形态,在人类文明进步和社会发展中发挥了十分重要的作用,从某种程度上说,人类文明史就是一部劳动发展史。劳动不仅发展着世界,还创造了人类,促进人的自由解放和全面发展。

我国劳动教育源远流长,历来有着"耕读传家"的优良传统,"耕"是指从事农业劳动,"读"即读书、学习,"耕读传家"体现了我国古代教育与生产劳动的简单结合。

随着中国特色社会主义进入新时代,新时代教育服务功能也发生了新变化,教育特别是高等教育要为人民服务,为中国共产党治国理政服务,为巩固和发展中国特色社会主义制度服务,为改革开放和社会主义现代化建设服务,这些都赋予了劳动教育新的使命和内涵。

一代人有一代人的使命,一代人有一代人的担当。时代新人之"新",在于新时代青少年担当民族复兴大任的新使命,这对青少年素质能力提出了新的更高要求——德智体美劳全面发展。劳动教育在教育体系中具有基础性、先导性、全局性的地位。诚然,劳动教育不仅可以让学生"苦其心志,劳其筋骨",还具有树德、增智、强体、育美的综合育人价值,贯穿于并作用于其他四育,是学生成长成才的"必修课""基础课"。新时代是劳动者的时代、奋斗者的时代。当前我们比历史上任何时期都更接近中华民族伟大复兴的目标，同时比以往任何时候都更迫切需要提高广大劳动者素质，比以往任何时候都更迫切需要构建完善的劳动教育体系。

没有劳动教育的教育，是不全面、不完整、不成功的教育。虽然我国在劳动教育方面积累了许多有益的经验，但以前劳动教育主要作为德育、智育的一个途径，不具有与其他四育并行的独立地位，"在学校中被弱化、在家庭中被软化、在社会中被淡化"仍未根本性扭转。从家庭看，个别家长较少让孩子做家务事，间接导致个别孩子轻视劳动。从社会看，个别人的劳动观念出现偏差，"重学历、轻技能"。从学校看，有的学校追求分数至上，劳动教育被边缘化，往往是"说起来重要，做起来不要"。以中共中央、国务院名义印发《意见》切中时弊、意义重大，充分体现了党中央、国务院对劳动教育的高度重视和殷切期望，凸显了全面加强新时代大中小学劳动教育的重要性和紧迫性，从而把劳动教育上升到前所未有的政治高度，必将开启新时代劳动教育新篇章。

总而言之，劳动教育的核心价值是以"劳"促全。培养时代新人，必须把劳动教育摆在更加突出的位置，建立完善体现时代特征的劳动教育体系，以劳促进德、智、体、美全面发展、协同育人，这既是对马克思主义教育思想的继承和发展，也是对新时代中国特色社会主义教育制度的坚持和完善。我们要以贯彻落实《意见》为契机，全面加强新时代大中小学劳动教育，系统构建德智体美劳全面培养的教育体系，使劳动成为青少年全面发展最鲜亮的底色，努力培养更多能够担当民族复兴大任的时代新人。

（二）推动青年大学生全面发展

1. 劳动教育是新时代大学生生命教育的新呼唤

新时代大学生生命教育旨在培养紧跟时代潮流、适应时代形势、符合时代要求，具备劳动情怀、劳动精神、劳动品格的高素质大学生。这是党的十八大以来，"我们围绕培养什么人、怎样培养人、为谁培养人这一根本问题"的有效探讨和积极回应。新时代的大学生肩负着实现中华民族伟大复兴中国梦的重大使命。当前我国坚持全面深化改革、推进国家治理体系和治理能力现代化、促进人的全面发展和社会全面进步,这些对大学生生命教育提出了新的更高的要求。新时代新形势呼唤新时代的大学生生命教育,与此同时也呼唤着新时代的劳动教育。

马克思提出的"教育与劳动生产相结合"理论是新时代劳动教育的理论溯源。当前我们早已摆脱了将"劳动"单纯地理解为"体力劳动"的认知局限,也摒弃了类似"劳动改造"的陈旧观念。新时代劳动教育的丰富内涵不仅包含了自尊、自信、自爱、自强的重要内容,涵盖了追求人性解放的价值诉求,也彰显了劳动本质性、教育性、道德性的时代特征。新形势下,大学生生命教育面临着为新时代的中国培养出具有马克思主义理想信念、马克思主义劳动情怀的社会主义建设者和接班人的艰巨任务。劳动教育与大学生生命教育的教育目标高度契合。因此,我们要将劳动教育摆在新时代大学生生命教育应有之义的重要位置。

2. 劳动教育是新时代大学生生命教育的新内容

新时代大学生生命教育主要包括生存意识教育、生存技能教育、生命价值教育三部分内容。生存意识教育是从大学生的生理、心理和社会三个维度展开,引导学生树立正确的生命观,点燃对生命的敬畏之情、热爱之情和珍惜之情。生存技能教育是指培养大学生用什么样的生命技能去寻求现实中的生存和发展、用什么样的生命态度去迎接人生中的机遇与挑战。生命价值教育旨在探求"人为什么而活"即"生命的真正价值是什么""生命的终极意义是什么"等重要问题。

劳动教育涵盖了大学生生命教育的核心要义。当前我们处于一个比历史上任何时期都更接近、更有信心和能力实现中华民族伟大复兴目标的新时代,大学生作为新时代的奋斗者,务必具备符合时代和现实需求的生存技能和生存本领,敢于担当、勇于进取、积极奋斗。劳动教育除了引导大学生树立高远的志向、饱满的奋斗热情、积极的人生态度之外,也致力于培养大学生的创造力。新时代大学生生命教育力图帮助大学生协调好自然生命、精神生命和社会生命三者之间的关系,让他们坚定劳动信仰、树立劳动情怀、增强劳动体验,在自由、全面发展的同时也具备创新精神。新形势下我国大学生生命教育与劳动教育的价值诉求高度一致。因此,我们要将劳动教育提上新时代大学生生命教育的重要日程。

3. 劳动教育是新时代大学生生命教育的新探索

马克思曾明确提出:"生产劳动同智育和体育相结合,它不仅是提高社会生产的一种方法,而且是造就全面发展的人的唯一方法。"由此看来,劳动是整个世界发展中的推动力量,劳动教育则是整个社会进步中不可或缺的因素。新时代的劳动教育是贯穿于基础教育、职业教育、高等教育领域的重要探索;是深化中国教育改革,释放教育活力,实现教育价值回归的新举措;是新时代我国大学生生命教育的创新路径。无论是通过思想政治教育理论课渗透生命教育的内容、运用教学方法和手段提升生命教育的力度,还是通过开展社会实践活动增强生命教育的感受度,新时代大学生生命教育的实践路径都离不开劳动教育。

劳动是人类的本质活动,奋斗是劳动的积极状态。幸福是奋斗出来的,社会主义是干出来的,新时代也是干出来的。新时代的大学生应该不忘初心、牢记使命、砥砺前行,争做有理想、有学问、有才干的实干家,通过辛勤的劳动、诚实的劳动、创造性的劳动干出一番事业,为党和国家贡献出自己的一份力量。劳动教育与新形势下我国大学生生命教育的实践路径高度统一。因此,我们要将劳动教育贯穿于新时代大学生生命教育的始终。

📖 榜样故事

14 岁辍学打工,半路出家却红遍全网的古风博主——李子柒

YouTube 频道突破了 1000 万粉丝量,视频总播放量已经达到 13.45 亿,被央视和国外粉丝点名夸奖……在网络世界里,四川女孩李子柒(见图 1-2)做到了"墙内开花墙外红"。据第三方数据网站估算,单是广告分成,李子柒每月就能获得至少 339 万元的收益,而在这个巨额收益的背后,她爆红的真正

意义在于,将中国的传统文化进行了有效输出。

图1-2 李子柒

李子柒是个孤儿。很小的时候,父母离婚,后来父亲早逝,所以李子柒从小和爷爷奶奶相依为命,爷爷去世之后,奶奶就成了李子柒在这世上的至亲之人。14岁她辍学出去打工,2012年因为奶奶的一场重病,决定抛下所有,立刻回家。回乡后,为了维持生计她曾开过一个淘宝店,拍短视频也是想让生意更好做。

2016年3月,几乎在Papi酱爆红的同时,这个来自四川深山里的姑娘,开始在美拍上传古风美食视频。此后一年不温不火,直到2017年,她才频繁出现在大众视野中。她的出名不是靠急功近利,而是在于回归自然和心灵的本真。比如那些松茸、鱼、大蒜、棉花的视频中,10分钟的视频,可能跨越好几个季节。在她手中,老木头可以做秋千和洗漱台,花草和蜂蜡变成了胭脂水粉,砖头、泥沙和啤酒瓶组成的面包窑,做出了香喷喷的面包和烤鸡。

无论是周杰伦的"中国风"还是各类功夫电影,一直希望实现文化输出,没想到,李子柒的视频却在这方面迈出了一大步。有海外媒体对她作品的成功总结了四个要点:优质视频=自然+朴素+勤奋+画质。她的视频满足了外国人对中国传统文化的好奇心,也让许多人看到了中国式审美的诗情画意,以及传递出精致的、文明的、具有烟火气和人情味的中国形象,并因此爱上中国文化。央视新闻如此点赞,"没有一个字夸中国好,但她讲好了中国文化、讲好了中国故事。"

从芙蓉姐姐、凤姐到李佳琦、洛天依,中国网红十几年间已经历了4次迭代。进入"4.0高阶"时代,以李子柒为代表的国风网红,在当前20万网红的厮杀中最具生命力,成为一股清流。她的"火",归根结底还是源于她的匠心。

第二节　新时代劳动教育的使命

一、劳动树德

(一)劳动教育在人才培养体系中的独特地位

劳动是人类基本的实践活动和存在方式,是人类创造物质财富和精神财富的基本途径,也是人类生存和发展的最基本条件。在实现中华民族伟大复兴中国梦的征程中,当代大学生可谓生逢其时、适得其势,他们精力充沛、朝气蓬勃,是最富创新创业精神的群体,他们的"成才梦""创业梦""报国梦"必将为中华民族伟大复兴的中国梦不断注入活力。大学生的成长成才不仅需要依靠知识和智慧,还需要具有深厚的劳动情怀和正确的劳动价值观;高校肩负着人才培养、科学研究、社会服务、文化传承创新、国际交流合作的重要使命,在完成立德树人这一根本任务,培养又红又专、德才兼备、全面发展的中国特色社会主义合格建设者和可靠接班人的过程中,必须把强化大学生劳动情怀培育作为一项重要任务。

劳动情怀是建立在对劳动正确认知的基础上,经过长期实践而逐步形成的、升华为个人价值观层面的、较为稳固的劳动态度、劳动情感、劳动品德、劳动习惯、劳动价值观等内容的总称。具体来说,劳动态度一般指一个人对劳动尊重热爱或是鄙视反感的直接心理倾向,往往直接体现于一个人的行为模式中。而劳动情感,则是指一个人基于感情满足需要的程度而形成的对劳动的良性心理体验和情感依赖关系。实践表明,只有具有正确劳动态度和丰富劳动情感的人,才能自觉积极地投入到劳动中去并享受劳动所带来的诸多乐趣。劳动品德往往是人们在劳动过程中所表现出来的对他人、社会的稳定的心理特征或倾向,具有社会性特征,一个人的劳动品德水平能够直接反映其整体道德品质。劳动习惯则是经过经常性的劳动训练之后而得以巩固的劳动行为方式。良好的劳动习惯是建立在端正的劳动态度基础之上,同时又促进优良劳动品德的形成。劳动价值观是人们在实现个人愿望、满足自身需要时对劳动的价值定位,既反映自身心理诉求,也直接影响其本人的实践路径,还决定了其劳动价值的最终归属。在生产实践中,当端正的劳动态度、优良的劳动品德、良好的劳动习惯和从事劳动所必须具备的知识、技术、体能、智力等因素有机结合,就能将劳动技能转化为劳动效率,从而源源不断地创造财富,产生价值。

(二)劳动教育支撑高校立德树人的逻辑维度

1. 梦想实现维度

劳动教育发挥实现梦想的作用,有利于提高思想政治教育的实践性。通过劳动教育实现个人梦想,并为现实的政治任务、经济任务以及其他任务服务,是高校思想政治教育立德树人的基本要求。

2. 价值引导维度

劳动教育发挥价值引导的作用,有利于加强思想政治教育的针对性。培育正确的劳动价值观是高校思想政治教育亟须解决的核心问题。青年的价值取向决定了未来整个社会的价值取向,而青年又处在价值观形成和确立的时期,抓好这一时期的价值观养成十分重要。大学生正确的劳动价值观不仅直接影响在大学阶段的学习和生活,更关系到走向工作岗位以后的就业倾向、价值取向、社会责任等方面的精神特质。因此,大学生的劳动教育必须要培养他们的劳动态度、劳动习惯、劳动技能和劳动品德才能最终树立正确的劳动价值观,从而为其将来走向工作岗位奠定坚实的基础。

3. 实践育人维度

劳动教育发挥实践育人的作用,有利于拓宽思想政治教育的实现路径。思想政治教育不能仅通过理论说服人和书本教导人两种方式,还必须以实践为基础,通过实践来提高思想政治教育的有效度,增加思想政治教育的深度。劳动是联系知识与实际的纽带。劳动生活和劳动实践对于大学生来说,不但可以印证所学的课堂知识,把教科书的专业知识内化为个体认知,培育创新意识,而且还可以从具体的劳动过程中体会劳动的意义和快乐,发现和感悟关于生命、人生、价值等层面的道理,从而实现人的自由全面发展。

通过劳动实践,大学生可以印证所学的知识,还可以利用劳动实践中所获得的感性知识进一步加深对所学知识的理解,开阔自己的视野,激发自己学习的热情和创造力。单纯灌输式的专业课理论学习,容易使学生变得"纸上谈兵",很难熟悉运用到实际工作中。大学生只有通过劳动实践,在手和脑的协调配合下,身和心对专业有了更深的体验领悟,才能在具体情境中创造性地分析问题、解决问题。这不仅有利于培养大学生的创新意识、创新精神和创新能力,而且能够真正使在课堂上学习的显性知识转化为隐性知识,即在实践的过程中提高大学生个体的知识水平和能力素养。

4. 以文化人维度

大学生正确劳动观的形成是大学生自身与各种社会、自然环境共同作用的结果。大学生会不知不觉地受到身边社会环境和物质环境的感染和熏陶。他们大学的大部分时光都是在学校里度过,因此高校重视劳动教育具有非常重要的价值,它不仅能够使劳动观教育贴近学生实际,增强学生的劳动认同,而且一定程度上还可以使学生在校园活动过程中受到潜移默化的教育。

目前,在劳动教育发挥以文化人作用的具体实施层面,大体上是"以理服人、以情感人、以行带人"的传统思路。比如,在学校管理上向学生倾斜,教育引导大学生培育劳动情怀;在勤工助学、校园绿化、图书管理,以及助教、助管、助研岗位设置上给予大学生勤工俭学机会,让学生不仅能够培养良好的劳动习惯,而且能够实现劳有所得。这个方法的关键在于教育者能够真正地使受教育者感受到关心和关怀。在"以行带人"上,则可通过"大国工匠进校园"等活动形式传播社会大力宣传的劳模故事,宣传大国工匠,让大学生能够近距离感受工匠精神和劳模精神,这种方式的关键就在于用模范优秀的劳动品格去影响人。目前,高校多角度、多层次地渗透劳动光荣、劳动伟大精神的校园文化建设已经成为新时代劳动教育的有效载体。

(三)劳动教育在高校立德树人中的功能整合

劳动教育不是一蹴而就的,而是融于青少年成长成才的全过程。劳动教育具有鲜明的实践性特征,因此,劳动教育的有效开展既需要与人才培养体系有机匹配,又必须在现实行动中予以实施,从而实现对立德树人的支撑。

1.道德素养与日常实践结合

现在有些高校开设一项学生管理工作改革,投入专项经费设置勤工助学岗位,让学生负责校园环境卫生,去食堂做帮工,去打扫宿舍楼卫生,其中包括厕所卫生。让学生在参与美化和净化学校的劳动过程中,亲身体验"一粥一饭之不易,一丝一缕之艰辛",学会懂得劳动的艰辛,尊重劳动价值,尊重别人的劳动付出,养成吃苦耐劳的品格,培养良好的劳动习惯,获得一定的劳动技能,增强集体荣誉感。

2.专业学习与社会实践结合

实践出真知,劳动教育必须超脱黑板上的教育,转化为行动教育。高校在劳动教育中,要加大对劳动情怀的培育,可以通过建设教学与科研紧密结合的实践教学基地以及学校与社会密切合作的校企办学等途径,增加实验实践教学课时,利用暑假和寒假的时间,组织学生参加社会实践活动,使学生在深入基层一线的过程中,懂得劳动光荣、劳动伟大的道理。

3.创业就业与价值实现结合

大学生要顺应时代发展的要求,不仅要勤于学习,敏于求知,还要善于实践,勇于创新探索,在就业或创业的过程中,实现人生价值。大学生正处在最富活力、最富创造力的人生阶段,他们理应成为创新的主体。我们要坚持创新创业教育,弘扬创造性劳动光荣的良好风气,保护并培养年轻人的批判思维,引导大学生敢于并善于打破常规,在实践中推陈出新、在就业创业上开创局面,在价值实现的过程中凝聚成促进社会发展、国家进步的强大动力。

4.锤炼品格与艰苦锻炼结合

劳动是锤炼品格、砥砺青春的"磨刀石"。劳动可以磨炼人的意志,增强人的自信,促进人的全面自由发展。人只有在劳动中能动地发挥聪明才智,才能真正地认识自己。通过劳动,特别是集体劳动和一些富有创造性的劳动,有助于培养和激发人的集体意识、责任意识和担当意识。同时,大学生也要在日常生活、学习中落实好敢于吃苦、勇于奋斗的精神。在生活上,提倡勤俭节约、艰苦朴素、反对铺张浪费的生活作风;在学习上,刻苦钻研、奋发图强,孜孜不倦地学习专业知识。这些都需要树立正确的劳动观,展现热爱劳动、磨炼劳动意志的精神,拥有推陈出新的魄力和勇气,提升劳动意志克服一道道难关,真正承担起为中华民族的伟大复兴而奋斗的历史担当。

二、劳动增智

(一)劳动是发展青少年智力和能力的阶梯

身体动作的灵敏会促进大脑的发育。人在劳动时,信号从手传到脑,又从脑传到手,脑指挥手,手又丰富了脑,刺激了脑细胞,使大脑状态更加活跃。2020年广州新中考方案中,物理、化学考试内容增加了实验操作,其目的就是培养学生的动手实践能力、认真观察能力、思维能力和想象能力,其中,物理学科注重物理现象和物理实验及应用,化学学科重点考查学生的观察、实验、思维能力。通过对学生动手操作能力的培养,不仅能够规范学生的实验操作,更能够让学生通过具体的实验操作增强对相关知识的理解和应用,从而构建更加完备的知识体系。

(二)劳动是开发青少年思维能力和创造力的桥梁

青少年想象力丰富,思维灵活,而且动手能力、实践应用能力强,具有丰富的创造力。在劳动中通过擦、洗、修理、种植,让他们认识纸、木、铁、铝等物质的性质、特点、用途等;炒菜、做饭可以懂得烹调知识;修理手机可以了解电器知识;洗碗时,发现筷子漂浮,勺子下沉,从而懂得物理学的浮沉现象……在劳动中观察现象、感受知识,在劳动中解决问题、运用知识,这既可以丰富青少年的知识,拓宽眼界,把"印"书上的知识运用到实践活动中,又能够培养他们的观察、分析、判断、创造的能力,促进青少年逻辑思维和形象思维的发展,更有助于提高动手能力和学习能力。

随着科技进步,未来社会需要的是开拓型、创造性的人才,而开拓创新,既需要动脑能力,也需要动手能力。青少年只有在动手实践活动中,才能有所发现、有所发明、有所创新,才具有敏锐的洞察力、质疑能力、辨识能力、善于思考和探索的能力。而只有参加劳动实践活动,帮助学生把课堂、书本学到的知识,应用到实践中去,他们创造性思维才能得到开发。以劳启智是提高青少年智力水平有效的途径。

三、劳动强体

劳动在培养健康体魄上也起着必不可少的作用,是有助于青少年身体健康发展的好方法。劳动能锻炼身体,增强体质,经常劳动,可以锻炼肌肉筋骨,从而使肌肉结实,关节灵活,体魄健全。医学研究表明,劳动过程是多种生理器官协调活动的过程,有利于改善呼吸和血液循环,促进肌肉、骨骼的发育,促进身体各器官的发育。法国著名教育家卢梭认为,培养身心两健的人,必须在体力劳动中才能完成。

劳动锻炼在促进青少年身体正常发育、保证其健康成长等方面起着功不可没的作用。适当的劳动锻炼,能促进青少年身体各器官的正常发育,能提高其各器官功能和其相互间的协调性;适当的劳动锻炼,能促进青少年的身高增长、体重增加,能强健其体魄、增强其体能。

劳动教育能够引导青少年树立健康生活的意识。青少年是长身体、长知识的关键时期,学习要劳逸结合,长时间使用大脑得不到放松,效率就降低,而紧张、繁重的学习之余,参加适当的劳动锻炼,能使大脑得到适当的调节、放松,从而提高学习效率。同时,在参加劳动实践中,青少年能够逐渐培养卫生干净的良好生活习惯,自觉采取有益于健康的行为和生活方式,减轻、消除影响健康的危险因素,从而预防疾病,促进健康,提高生活质量。劳动教育为美育之发现者和创造者。

四、劳动育美

(一)劳动发现美

马克思在《1844年经济学哲学手稿》中多次谈道:"美就是在劳动、实践的基础上,人本质的对象化的产物和结果。"美表现在劳动上,劳动发现美。青少年在劳动中形成发现美、鉴赏美的能力,从而提高审美能力和人文素养,培养健康的审美态度和加强审美的正能量,是当今素质教育的重要任务,是培育和践行社会主义核心价值观的有效途径。通过劳动教育强化美育,以劳育美、以美育人,让青少年在劳动中感受美的各种形式,感受冷盘热炒的色香味俱全,感受手工艺品的款式各异,感受科技发明的精巧匠心,也让青少年明白"劳动不仅创造美,劳动本身就是美",明白辛勤耕耘、皮肤黝黑的农民最美,明白寂寂无闻、日晒雨淋的工人最美,明白坚守岗位、默默奉献的劳动者最美。

在劳动中发现美、欣赏美,有利于青少年提高审美情趣,净化心灵。在劳动同时,领略到"采菊东篱下,悠然见南山"之美,审美经验丰富了,人文素养提高了,生活情趣就自然而然地随之高雅起来。

(二)劳动创造美

人是社会的主体,生活的主人,人不仅能够发现美,鉴赏美,而且希望能够表现美和创造美。凡是有人生活的地方,那里必然有美的创造能力,人类社会一切美好的东西,都离不开人们聪明的大脑和勤劳的双手。青少年思想活跃,感情丰富,对美好的事物有无限的憧憬和不懈的追求。在劳动实践中发现美、鉴赏美的同时,会创造出属于自己心目中的美,这种审美创造力的源泉和动力来自青少年心理需要,它为青少年张扬个性提供了广阔的空间,让

17

青少年的情感得到释放,思维受到启迪,通过自己的思考与想象,把自己所领悟到的美用自己的双手表现出来。在劳动中创造美、体现美,能够使他们收获一种享受、一种鼓舞、一种慰藉,更能有效提高青少年的综合素质与社会实践能力,促进他们身心全面、健康地发展。

劳动与"美"紧密联系、不可分割。教育者应努力发现与利用劳动实践的美育因素,来培养青少年的审美能力,引导他们在劳动实践中发现美、欣赏美、创造美、体验美。在求知中领略美感,在实践中追求创新,让学生通过对劳动美的感知、体验与追求,接受美的滋润和熏陶,成为具有一定审美创造能力的人,是当今素质教育的目标。

五、劳动提能

现代社会的工业化进程太快,加上数字化、信息化,导致现在的青少年心智成熟缓慢。在这一背景下,青少年劳动教育意义显得尤其重大,其中很重要的一点就是,通过劳动教育提升青少年的生存能力。青少年不可能永远是孩子,会慢慢长大,当长大走出校门踏入社会,他们必定要经受社会上各种各样的"生存挑战"。

（一）劳动能力就是生存能力

劳动教育从某种意义上说是一种生存教育。对青少年进行素质教育,不仅要提高他们的学习成绩,更要让他们学会课本以外的知识。

（1）劳动是推动历史前进的动力,是社会发展的"纤绳",是时代进步的阶梯。劳动创造财富,劳动创造辉煌,劳动创造世界。

（2）劳动不仅推动了历史前进,还创造着我们的今天。

（3）生存与发展依赖劳动。要学生养成良好的劳动习惯就要教育学生从日常生活的点滴做起。

（4）养成勤俭节约的美德。财富是辛勤劳动的结晶,滴滴汗水浸透其间。培养节俭的美德也要从身边的小事做起。

（二）高等院校提高劳动技能的途径

（1）深入实施毕业生就业创业促进计划和技能就业专项行动：鼓励高等院校、职业院校学生在校期间开展创业竞赛、技能竞赛、创业实训等"试创业"实践活动和电子商务培训活动，并按规定将其纳入创业培训政策支持范围。

（2）实施毕业生就业创业促进计划：适应高校毕业生就业创业新需要，将就业创业有机融合，建立涵盖学校内外各阶段、求职就业各环节、就业创业全过程的服务体系。

（3）实施毕业生基层服务项目：统筹实施大学生村官、农村教师特岗计划、"三支一扶"计划、志愿服务西部计划和农技特岗计划等专门项目，选拔派遣高校毕业生到基层服务。

（4）继续深入实施基础学科拔尖学生培养试验计划：支持高水平研究型大学依托优势基础学科建设国家青年英才培训基地。

（5）推进职业教育与普通教育分类管理：探索建立国家资历框架，引导各级各类职业院校科学定位、办出特色。建设一批高水平的职业院校和骨干专业，加快培育大批具有专业技能与工匠精神的高素质劳动者和人才。

（6）建立全国高校继续教育质量报告制度，强化高校继续教育责任主体意识，加强事中事后监管。

（7）制定实施企业参与职业教育的激励政策、有利于校企人员双向交流的人事管理政策，落实学生实习政策，全面推进现代学徒制试点工作。

（8）实施高技能人才振兴计划和专业技术人才知识更新工程，突出"高精尖缺"导向，大力发展技工教育，培训急需紧缺人才。

榜样故事

工科男花 300 元装饰寝室被赞最美男寝

男生寝室变成"天空之城"　创意源于山城天气

走进重庆大学 355 寝室，当灯光亮起，被蓝色覆盖的屋顶折射的光让整个房间变成蓝色，身在其中犹如置身海洋一般，大海之蓝，清澈夺目（见图 1—

3）。屋顶上一颗颗黄色的五角星化作了夜空中最亮的星……

该寝室的主要设计者是吴康杰，来自浙江。从小住在临海地区的他，经常见到蓝色的大海。他说，他的设计灵感来源于重庆的天气。"来到重庆后，阴雨天气很多，蓝天白云很少见，夜空的星星几乎没见过，所以希望将蓝色的天空搬到寝室里来。"

除了对蓝天的渴望，吴康杰选择蓝色为寝室的主色调，还有一番用意。他解释道："每个颜色都会带给人不一样的情绪反应。蓝色，带给人一种深邃、平静的力量，能帮助人在喧闹的生活中静下心来。"他认为，大学生在日常生活中都比较活泼，但寝室是供学生学习和休息的地方，因此希望借助大量的蓝色，帮助寝室同学回归平静安宁的心理状态。

这个寝室的设计主题为"天空之城"。吴康杰从小喜爱动漫电影，宫崎骏的《天空之城》是他最喜欢的一部动漫电影作品，所以用了这个名字。虽然寝室的具体装饰与电影没有多大关系，但整体风格和给人的舒适感觉与电影一样。

图1-3　最美寝室

4 人熬夜纯手工制作　约 300 元打造梦幻寝室

设计阶段完成后，寝室 4 个人开始动手，先从材料的购买和制作开始。

巨大的工作量难住了 4 位小伙子。"我们只买了几种颜色的海绵纸和卡纸，大多图案都打算自己动手剪，但后来发现工作量太大了。"寝室长王强说。

压力之下他们本想放弃自己动手的想法，去网上购买成品粘贴，"但成品花费过高，后来我们开会商量，决定坚持一下，手工制作试试看，哪怕不成功也不留遗憾。"

寝室成员朱飞说，由于工作量太大，每周几乎天天满课的他们只能牺牲中午和晚上的休息时间，在一周之内完成了所有装饰，有时为了赶进度还熬到半夜两点多。寝室从设计到装扮完成，仅花费了约300元。

获奖后陆续被围观　女生称干净漂亮"胜过女寝"

因为干净整洁和别具匠心的设计风格，松园一栋355寝室在重庆大学优秀学生之家的评选活动中摘得"五星级寝室"称号。

此后，不断有同一栋公寓楼里的其他同学到他们寝室参观。曾有一名女生因社团活动进了他们寝室，看到寝室的装饰后称赞说："第一次看到男生寝室装饰得如此好看，比我们女生寝室还漂亮！"

此次装饰寝室，对吴康杰和他的室友来说，是一次加强沟通、促进情感交流的难得机会。"大一时我们的关系还挺好，后来慢慢变得有些冷淡，交流也变少了。趁着装饰寝室的机会，我们4个人的沟通比以前更多了，关系也更好了。"王强说道。

活动实践

活动1　做家务小能手

【活动目的】

1. 了解劳动的价值。

2. 家庭生活能力是一个人最基本的生存能力，可以培养学生的劳动观念和习惯。

3. 了解家庭生活的技能和技巧，养成自理、自立的生活习惯。

4. 让学生了解每个成员对家庭的责任和义务，学会自己的事情自己做。

5. 培养学生热爱劳动、尊敬长辈、自立自强的品质。

【活动方式】

1. 调查、汇报,制定好适合自己的家务劳动计划。

2. 每天设置家务作业。

3. 开展"家务劳动汇报展示"的活动。

【活动措施】

1. 以班级为阵地,开展"争当家务劳动小能手"活动。

2. 以"家务小能手"表格的考核和评比为动力、为龙头,全面了解学生从事家务劳动的情况,从而更有针对性地采取各种有效的办法提高学生的劳动积极性和劳动技能。

【时间安排】

寒暑假实施,开学之后总结、评定。

【参加人员】

全体同学。

【活动设计】

1. 开展"家务劳动"调查活动,从而调动学生的激情,让他们体会父母的辛苦,下决心为父母分担家务劳动。

2. 调查学生做家务劳动的情况,了解学生喜欢做的家务劳动种类,并商量确定家庭劳动角色,定好家务劳动计划。

3. 让学生根据自己定制的家务劳动计划,每天在家做家务劳动,并把当天所做的家务记录下来,每一到两个星期让家长对其在家的劳动进行评价。每个月结束时学生要进行小结,写出自己的收获。

4. 开展"家务劳动汇报展示"的活动,邀请家长参与,通过各种形式检测学生的家务劳动技能,并结合平时在家的家务劳动表现评出"家务劳动小能手"。

【找一找】

通过参与劳动实践活动,我发现自身还存在的问题是:＿＿＿＿＿＿＿＿

＿＿＿＿＿＿＿＿＿＿＿＿＿＿＿＿＿＿＿＿＿＿＿＿＿＿＿＿＿＿＿＿＿＿

＿＿＿＿＿＿＿＿＿＿＿＿＿＿＿＿＿＿＿＿＿＿＿＿＿＿＿＿＿＿＿＿＿＿

【总结反思】

活动总结	
我的收获	
我的不足	
改进措施	

【评一评】

评价标准	评分细则	分值	分数小计	教师评价
计划切实可行	劳动时间安排合理	10		
	劳动内容详实	10		
	家长指导过程	10		
	需要达到的效果	10		
计划有层次,目标有阶梯	物品归纳	10		
	房屋清洁	10		
	衣物清洗	10		
	烹饪	10		
积极主动,能够按照计划做家务劳动	做家务认真细致	10		
	家务完成出色	5		
	心得	5		

第一部分 劳动教育的基础知识

活动 2　"互联网＋"垃圾分类回收

【活动目标】

1. 认识垃圾分类的标志,认识垃圾分类的重要性。

2. 认识垃圾是宝贵的再生资源,初步学会垃圾分类的方法。

3. 树立节约资源和保护环境的意识,以实际行动做好垃圾的分类。

【参加人员】

全体学生。

【活动设计】

请查阅相关资料,以宿舍为单位,利用现有小程序(或 App),组织本宿舍所在楼层尝试为期半个月的"互联网＋"垃圾分类回收行动。

【找一找】

通过参与本次活动,我的感悟是:＿＿＿＿＿＿＿＿＿＿＿＿＿＿＿

＿＿＿＿＿＿＿＿＿＿＿＿＿＿＿＿＿＿＿＿＿＿＿＿＿＿＿＿＿＿＿＿

＿＿＿＿＿＿＿＿＿＿＿＿＿＿＿＿＿＿＿＿＿＿＿＿＿＿＿＿＿＿＿＿

【总结反思】

活动总结	
我的收获	
我的不足	
改进措施	

【评一评】

评价标准	分值	分数小计	教师评价
参与活动全过程	30		
积极主动,献计献策	20		
出色完成自己的任务	20		
促进活动关键节点的推进	10		
有创新意识	10		
能合理调配资源	10		

活动 3　宿舍内务展示

【活动背景】

宿舍是在校大学生日常生活、学习、交流的重要场所,对于来自天南海北、性格迥异的大学生而言,在宿舍中营造干净整洁的环境、创造和谐的人际关系、营造文明温馨的宿舍氛围、塑造独特的宿舍文化,对自身的成长助益颇多。

【活动目标】

1.宣传"宿舍为家"的理念,让全校学生拥有一个干净整洁、温馨舒适的休息环境。

2.督促学生养成自觉维护、打扫宿舍卫生的习惯,树立宿舍主人翁意识。

3.培养学生树立合作、团结意识。

【工具使用】

扫帚、垃圾袋、簸箕、垃圾桶、抹布、拖把、消毒液等。

【参加人员】

全体学生。

【活动设计】

(一)前期准备

1. 修改并完善宿舍卫生标准方案,确定卫生清洁日期。

2. 下发通知,召开舍长会议,布置卫生打扫事宜,对卫生检查标准进行详细讲解。

3. 舍长为舍员分配宿舍打扫任务。

4. 准备相关清洁工具。

(二)活动实施

1. 由舍长带领宿舍成员领取清扫工具,按照宿舍卫生标准方案打扫宿舍及宿舍楼公共区域。

2. 舍长及宿舍成员共同检查宿舍是否存在安全隐患问题。

3. 打扫结束后,由各舍长带领指导教师、宿舍管理员、学生会成员代表进行审核检查。

(三)活动总结

1. 每个宿舍完成一份打扫记录及劳动体会。

2. 由指导教师或宿舍管理员召开舍长会议进行整体总结,呼吁全体同学保持干净整洁、美好温馨的宿舍环境。

【安全保护】

保证活动过程中整理上铺、擦玻璃等危险活动人员的人身安全;注意电器设备,要求打扫卫生前全部断电。

【找一找】

通过整理寝室内务展示与比赛,我感觉主要存在以下问题:＿＿＿＿＿＿

＿＿＿＿＿＿＿＿＿＿＿＿＿＿＿＿＿＿＿＿＿＿＿＿＿＿＿＿＿＿＿＿＿＿

＿＿＿＿＿＿＿＿＿＿＿＿＿＿＿＿＿＿＿＿＿＿＿＿＿＿＿＿＿＿＿＿＿＿

＿＿＿＿＿＿＿＿＿＿＿＿＿＿＿＿＿＿＿＿＿＿＿＿＿＿＿＿＿＿＿＿＿＿

＿＿＿＿＿＿＿＿＿＿＿＿＿＿＿＿＿＿＿＿＿＿＿＿＿＿＿＿＿＿＿＿＿＿

【总结反思】

活动总结	
我的收获	
我的不足	
改进措施	

【评一评】

要公平公正,提前确定宿舍卫生考核小组,人员组成应包括学院考核评价领导、宿舍管理员、学生会成员、普通学生等,对床铺、书桌、地面、卫生间、阳台等检查打分、统计数据,取总成绩的平均值,分数最高的宿舍可以获"优秀宿舍"荣誉称号,相应人员可获得"劳动优等"评价。

活动4　美化校园

【活动背景】

校园是我们学习和生活的地方,作为学校的一份子,我们应为创造更加整洁、优美、温馨的校园环境出一份力。

【活动目标】

1.宣传人文校园活动理念,为全校师生提供一个干净整洁、温馨美好的教学和学习环境。

2.激发学生自觉维护教学楼卫生的热情,培养学生公共卫生意识,承担共同建设、保护美丽教学楼的责任。

3.在清扫活动中,体验劳动的光荣,提高大家的团结精神和奉献精神,增强学生服务学生、服务校园的意识。

【工具使用】

扫帚、垃圾袋、簸箕、垃圾桶、抹布、拖把、黑板擦等。

【参加人员】

全体学生。

【活动设计】

(一)准备阶段

1.线上宣传。利用微信公众号、线上通知等进行宣传,全面部署、广泛动员,充分调动在校学生的积极性。

2.海报宣传。设计主题宣传海报,并张贴于教学楼、宿舍楼等地,呼吁在校学生积极参加。

3 线下宣传。召开相关主题班会,在餐厅门口张贴条幅进行宣传报名。

(二)启动阶段

1.由学生自行组队并选出队长,在规定时间内上交报名表,队伍人数为5~7人。

2.由相关部门统计报名人数,并划分相关队伍负责区域及选择工作人员。将结果进行公示,公示期为1天,无异议后开始活动。

注:每支队伍的负责区域应根据人数及负责地点做到相对公正划分,工作人员需公正且每支队伍1人,并与队伍内人员无相识现象。

(三)实施阶段

1.队伍内部自行选择时间,在早上第一节课前、午休、晚饭时间或晚自习下课后进行工作,每天至少打扫卫生两次且需工作人员陪同。

2.若工作期间有人请假则需向工作人员说明并做好记录。

3.每次工作后,由工作人员进行打分(1~10分)并记录扣分原因。

(四)总结阶段

1.小组内成员每人写一份工作记录及劳动体会。

2.工作人员将本次活动请假记录及打分记录向组内成员进行公示并使双方达成一致意见,若过程中存在无法协调问题,则请求活动主办方相关人员进行公证。

3.各学院组织队长为该学院的小组进行活动展示,通过 PPT 答辩进行相互学习,达到共同促进的目的。

【安全保护】

1.人身安全保护。应保证劳动过程中禁止团队成员用器具打闹,以免误伤自己及他人;在进行擦窗户等危险劳动时应有人员陪同并注意自身安全。

2.器具安全保护。如有人员故意损坏器具,应照价赔偿并取消优秀个人评选资格;若器具因老旧等其他原因而损坏,应及时报备更换。

【找一找】

通过参与劳动实践活动,我发现还存在的问题是:_____

_____

_____

【总结反思】

活动总结	
我的收获	
我的不足	
改进措施	

【评一评】

1.优秀个人评选。活动中无不良记录的人员可参加优秀个人评选,由组内成员投票并根据工作人员活动期间的相关记录选出。

2.优秀团队评选。在院内 PPT 答辩时进行小组间投票,并结合相关工作人员记录的工作时长及打分选出优秀团队(优秀团队个数＝应选团队个数/参赛团队个数×该学院团队个数×2)所有院优秀团队进行 PPT 活动展示,由所有团队及教师进行投票,选出最终的优秀团队并进行公示,1 天后无异议即为本次活动优秀团队。

探讨与思考

一、选择题

1.劳动是发生在(　　　)之间的活动。

A.人与自然界

B.人与人

C.人与自己

2.对劳动教育的基本内容,教育哲学奠基人黄济先生认为包含(　　　)等方面的教育。

A.生产技术劳动、自我服务(生活自理)劳动

B.社会公益劳动、自我服务(生活自理)劳动

C.生产技术劳动、社会公益劳动、自我服务(生活自理)劳动

3.新时代劳动教育的使命是(　　　)。

A.劳动树德、劳动育美

B.劳动增智、劳动提能

C.劳动强体

二、填空题

1.《教育大辞典》从劳动教育的内容和劳动素养出发,将劳动教育定义为"_____、_____、_____和_____方面的教育,旨在培养学生正确的_____、_____、_____,使学生获得工农业生产基本知识和技能"。

2.本书所述的劳动为基础劳动教育实践,是以促进学生形成_____(即树立正确的劳动观念、积极的劳动态度,热爱劳动和劳动人民等)和_____(有一定劳动知识与技能、形成良好的劳动习惯等)为目的的教育实践活动。

3.劳动教育内涵的另一方面是劳动教育最终指向的结果——学生的劳

动素养。黄济认为从基本素养来看,包含＿＿＿＿＿、＿＿＿＿＿和＿＿＿＿＿方面的教育。

4.数字时代的劳动教育呈现出新特点,劳动教育是基于＿＿＿＿＿与＿＿＿＿＿、＿＿＿＿＿、＿＿＿＿＿,内容涵盖家庭生活中的＿＿＿＿＿、＿＿＿＿＿与＿＿＿＿＿、社会中的＿＿＿＿＿以及＿＿＿＿＿等。

三、简答题

1.简述新时代劳动教育的意义。

2.新时代劳动教育有哪些使命?

第二部分
劳动教育的核心要义

第二章　新时代劳动理念与实践形式

学习目标

知识目标

1. 了解劳动创造美好生活的道理

2. 了解正确的劳动价值观

3. 知道劳动实践的三种形式

能力目标

1. 能够阐述"空谈误国,实干兴邦"背后的道理

2. 能够将劳动内化为自己的行为习惯

思政目标

1. 尊重普通劳动者

2. 热爱劳动,自觉进行劳动实践

课堂导入

2018年9月，中国银联上线广告《付出必有回报》。中国银联洞察到的是：每一位日常消费的支付者，也是一个生活里的付出者——在荒野大山中修信号塔的工人，在偏远地区送包裹的快递小哥，在现代机器的辅助下干农活的农民，在惠农服务站卖货的果农……

我们看到，每个付出者因劳动过上了幸福生活，脸上也因体验到的成就感和满足感而洋溢着自信的笑容；我们看到，正是这些默默付出的劳动者，才造就了我们的幸福生活；我们还看到，正是有了每个付出者的努力，点滴汇聚起来才换得了我们国家现在的强大。

这是一个属于付出者的时代。你在付出的同时，也享受着别人的付出。因为付出，劳动、财富和对美好生活的向往，在付出者之间流转传递，时代因此变得更好。而一个更好的时代，必将回报每个付出者。

第一节　劳动创造美好生活

一、劳动推动人类社会进步

人类的劳动是有意识、有思想的，人类靠劳动养育着自己、完善着自己、成就着自己，同时也在劳动中体会快乐和成就感，体验存在的价值。可以说，劳动是推动人类社会进步的根本力量。

马克思主义劳动价值观的蕴涵

二、空谈误国，实干兴邦

战国时期的赵括，只会"纸上谈兵"，以致40万赵军全军覆没，赵国从此一蹶不振。盛唐时期的姚崇，历任武则天、睿宗、玄宗三朝宰相。有人问他有什么为政经验，他只讲了四个字"崇实充实"，意思是说，为政只有崇实，国库才能充实。古往今来,凡事成于真、兴于实,败于虚、毁于假。

回望改革开放40多年历程,中国经济持续发展,人民生活水平显著提高。创造今天美好生活的,正是亿万人民勤劳智慧的双手,是上上下下苦干实干的精神。没有亿万人民的胼手胝足、日耕夜作,就不会有今日中国的巨变。我们不能忘记这样的好生活是如何得来的,要明白社会主义是干出来的,新时代也是干出来的,明白"空谈误国,实干兴邦"的道理,更要自觉培养自己的实干精神,学习榜样,躬身行动,传承劳动精神。

📖 榜样故事

在导弹上雕刻火药的航天人

0.5毫米是固体发动机火药药面精度允许的最大误差,但是徐立平(见图2-1)雕刻的火药药面误差却不超过0.2毫米,堪称完美。作为中国航天科技集团公司第四研究院7416厂高级技师,面对火药整形这一世界难题,徐立平一次次"亮剑"。经过近30年的锻造,他将一件件大国利器送入太空,自己也从一名普通职工成长为大国工匠。

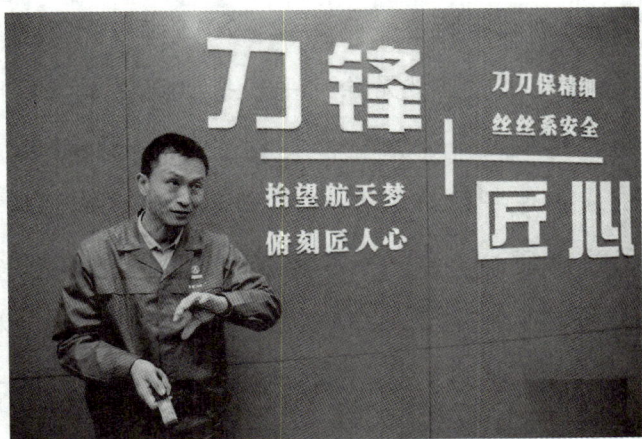

图2-1 徐立平

导弹固体燃料发动机上千道制造工序中,固体燃料微整形极为关键,也是一个无法完全用机器代替的世界性难题。在火药上动刀,稍有不慎蹭出火花,就可能引起燃烧爆炸,这项极度危险的工作,国内只有不到20个人可以胜任。

徐立平的母亲比任何人都知道这项工作的重要性和危险性，因为她自己就曾在7416厂火药整形车间工作过。1987年，她对从技工院校毕业还不到19岁的儿子说："我刚参加工作的时候，有位同事整个手指都烧掉了，但那时我们年轻人都愿意到最危险的岗位上去，我想现在的年轻人也是一样的。"就这样，徐立平开始了他近30年的发动机药面整形工作。

工作的第三年，某重点型号发动机出现问题，必须剥开填筑好的火药，工作难度和危险性非常大。徐立平自告奋勇地要求加入师傅带领的突击队，这是他第一次钻进火药堆里挖火药，当时的情形他至今记忆犹新。

在装满火药、仅容一名操作人员半躺半跪的发动机壳体里，用木铲、铜铲非常小心地一点点挖药，每次只能挖四五克，高度紧张和缺氧使人每次最多工作十几分钟。"在里面除了铲火药的沙沙声，都能听到自己的心跳声"，徐立平说。经过两个多月高度紧张的工作，徐立平和同事们挖出了300多千克火药，成功排除了发动机的故障。

像这样危险的任务，徐立平已不记得完成多少次了。但更多的时候，徐立平是在做导弹发动机火药的微整形工作。2015年9月3日，阅兵式上亮相的导弹中有一部分发动机火药就是徐立平亲手"雕刻"的。"下刀的力道完全要靠自己判断，药面精度是否合格直接决定导弹的精准射程。工作要求0.5毫米或0.2毫米，我们这一刀铲下去，铲不到要求的厚度的话，就会造成产品报废。"徐立平说，要做到心手合一并不容易，只能通过用心苦练。

工作中，徐立平还不断琢磨，大胆创新，针对不同的发动机药面，他先后设计发明了20多种药面整形刀具，其中两种获得国家专利，一种还被单位以他的名字命名为"立平刀"。

7416厂远离西安市区，安静而偏僻，最冷和最热的时候，厂房里都很难熬。夏天的蚊子毒力极强，"闻了火药的蚊子战斗力就是强"，徐立平苦笑着。冬天更是没办法，长时间一种姿势会让冻僵的双手麻木，只能在暖气上烤烤再重新拿起刀具。

更多的时候,每个车间里工作的人数最多不超过两个人,戴上护具开始工作后,徐立平感觉世界和时间都静止了。

在近30年的工作中,徐立平就是这样与火药为伴,仰望航天梦,俯刻匠人心。

2016年2月,徐立平被评为"感动中国2015年度人物"。颁奖词这样评价他:"每一次落刀,都能听到自己的心跳。你在火药上微雕,不能有毫发之差。这是千钧所系的一发,战略导弹,载人航天,每一件大国利器,都离不开你。你是一介工匠,你是大国工匠。"

徐立平说,再危险的工作也要有人去干,因为这是国家工程。"国家才是第一位的,没有国何有家",徐立平的母亲当年说的这句话,其实也是徐立平现在想要说的。

第二节　新时代大学生的劳动价值观

一、尊重劳动

凡劳动者,都在靠自己的本领"吃饭",他们的付出都对社会的发展进步起到了积极推动作用。例如在抗击新冠肺炎疫情斗争中,无数医务工作者、疫情防控人员用一往无前、舍生忘死的拼搏,挽救了成千上万人的生命,是他们在人手紧缺、物资告急、人民需要的时候,用责任担当和辛勤劳动筑起了一道道守护生命的坚实屏障。

正是每一个劳动者在各行各业的岗位上尽心尽责、辛勤劳动,才能让整个社会物质充裕、运转有序、共享幸福。劳动者,创造幸福的同时,也在带给他人以幸福。我们应常怀感恩之心,尊重我们身边的每一个劳动者,尊重每一份平凡普通的劳动。

二、热爱劳动

一切靠劳动,生活才美好。劳动不仅是人类文明进步的源泉,还是打开幸福之门的钥匙。幸福不是免费午餐,幸福不会从天而降。劳动的意义在于帮助我们满足生存的物质需要,更重要的是,劳动能帮助我们完善内心、完成自我实现。劳动,不仅为我们幸福的实现提供了物质条件,而且劳动的过程本身就是一种幸福体验。

什么样的劳动能产生积极的愉快的体验呢?这需要我们结合自己的情感和需要去探索、去发现,如果你找到这样的事情让你感到愉快,那就坚持下去。此外,劳动不仅能为个人创造美好生活,也能给社会创造更多价值。身处新时代,我们应该热爱劳动,让劳动成为我们的人生幸福据点,同时实现自己的时代担当。

三、践行劳动

梦想与奋斗无疑是青春的最美注解。没有哪一代人的青春是容易的。生活的压力、工作的焦虑、成功的渴望,让我们同样有着"成长的烦恼"。怨天尤人、消极颓废、得过且过不是解决问题的办法,踏实肯干、敢于践行、艰苦奋斗才是摆脱"烦恼"的最佳出路。

世界上有两种光芒最耀眼,一个是太阳,另一个就是努力的模样。

马克思主义劳动
价值观的确立

📖 榜样故事

石家庄小伙:我送"胖五"上青天

2020 年 5 月 8 日 13 时 49 分,长征五号 B 运载火箭(见图 2-2)搭载的新一代载人飞船试验船返回舱成功返回。长征五号 B 运载火箭首次飞行任务的圆满成功,标志着空间站阶段飞行任务首战告捷,为全面实现我国载人航天工程第三步发展战略奠定了坚实基础,意义非常重大。按下长征五号 B 运载火箭点火按钮的操作员是石家庄小伙尹景波。

图 2 - 2 长征五号 B 运载火箭

2020 年 5 月 5 日 18 时,中国文昌航天发射场指挥控制大厅内,当 01 指挥员下达"点火"口令时,控制系统发控台操作手尹景波沉着坚定地按下了"点火"按钮,几秒钟后,只见长征五号 B 运载火箭从发射塔架上腾空而起,直刺云霄。当听到"船箭分离"时,大厅中岗位人员欢呼雀跃,激动地相互拥抱庆祝,尹景波也激动不已,他等待这一刻已有 8 年之久,为了这"轻轻一按",之前所有的付出都是值得的。

尹景波,1989 年出生,石家庄灵寿县人,从西安交通大学硕士毕业后,2012 年就职于中国文昌航天发射场,先后参与发射场设备系统、控制系统软硬件建设等工作,现任长征五号 B 运载火箭控制系统发控台操作手。

轻轻一按准备了八年

长征五号 B 运载火箭任务自春节前就开始执行,同时并行开展长征七号火箭任务,身兼多岗的尹景波十分忙碌。

在长征七号火箭分系统进行匹配测试时,作为控制系统箭上二级岗位操作手的尹景波,一早就到了测试厂房,开始做地面增压测试准备工作。撤收等效器、恢复电阻盒状态、连接电池插头……一系列动作一气呵成。他松了松口罩,沉稳地报告:"120,箭上二级状态准备好,人员就位好!"

看看钟表,8 点 32 分。来不及休息,尹景波迅速脱下防静电大褂,匆忙走出测试厂房。按照计划,他要在 8 点 40 分赶到位于测试厂房 200 米外的指挥控制大厅,参与长征五号B运载火箭的测试任务。因为他还有另外一个重要身份:长征五号B运载火箭任务发控台操作手,负责为火箭按下"点火"按钮。

长征五号火箭的测试工作持续了一个半小时,看看时间,10点20分,刚刚好。他迅速整理好发控台,又返回长征七号火箭测试厂房,组织岗位人员撤收控制系统相关设备。

新冠肺炎疫情发生后,几乎每一天,尹景波都要这样在两个岗位之间来回切换,"本来是定岗在发控台,可是回家过年的人员,或不能回来上班或被隔离观察,我就又多承担了一个岗位的工作。"繁忙的工作没有让尹景波感觉到沉重,反而让他每天都处在充实与幸福中。

成为发射场第三位"金手指"

能够充分在岗位发光发热,实现自我价值,的确是件很幸福的事情。尹景波还清晰记得,一年前,系统指挥员找到他,让他负责长征五号B运载火箭任务的发控台岗位,他虽然表现得很淡定,内心却兴奋异常。发射场每一名科技人员都有一个"金手指"梦,他也不例外。

尹景波很清楚,发控台是地面测试系统的核心设备,需要对整个控制系统测试的流程和设备原理很熟悉,需要熟练掌握每一个按钮的作用和每一个参数所代表的含义。钻研图纸、背记发控台上几十个按钮及数百个参数、请教前辈、撰写笔记,成了尹景波那段时间工作生活的全部。

付出终有回报,经过精心准备,尹景波顺利通过了严格的上岗考核,以优异的成绩拿到了"金手指"的资格证,他也是2016年文昌航天发射场投入使用以来第三任控制系统发控台操作手。

"金手指"属于发射场重中之重的岗位,一般情况不会再负责别的岗位。可疫情的发生导致系统内一时间人手紧缺。正加紧备战长五任务的尹景波主动申请顶替长七任务箭上二级因疫情不能归队的岗位人员。为此,他要完成双倍的工作量,付出双倍的努力。

多年来的付出在此刻感觉很值

"工作再多也不嫌多,再苦也不怕苦,就是对家人有些愧疚!"家就在二十几公里外，因疫情的原因，尹景波已经近两个月没有回家，想到独自带着小孩在家自我隔离的爱人，这个航天小伙的眼神流露出忧伤。

在长征五号B运载火箭任务成功后，尹景波说："紧张的心情刚刚平复，我这一辈子都不会忘记此刻，多年来的付出在此刻感觉很值，家人在此刻应该更能认识、理解我们航天人。"

第三节　劳动实践的三种形式

一、辛勤劳动

人生在勤，勤则不匮。辛勤劳动是诚实劳动、创造性劳动的基本前提。辛勤劳动，既有"辛"也有"勤"，新时代，辛勤劳动有勤学和勤劳两方面的内容。

勤学，强调的是锐意进取、勤勉为人。一名劳动者要想有所作为，就应当树立终身学习理念，立足岗位，向师傅、向同事、向书本、向实践学文化、学科学、学技能、学各方面知识，增强自身综合素质、增长新本领，不断更新自我，积极应变，主动求变，与时俱进。

勤劳，强调的是脚踏实地、奋发干事。回溯历史，任何一点进步、任何一次成功都是由人民的艰苦奋斗、辛勤劳动创造出来的。越是美好的未来，越需要我们不畏艰辛、不辞辛苦。新时代面对各种新挑战，我们需要苦干笃行，愈挫愈奋。

二、诚实劳动

诚实劳动是辛勤劳动的延伸和表现，是创造性劳动的重要前提。诚实劳动，是指劳动者以积极、实干、诚信的态度为他人和社会提供产品、服务，要求我们合法合理劳动,要求我们在不违背法律法规的前提下从事道德的劳作。

要做到诚实劳动,需要我们从以下方面入手:一方面,我们应对所从事劳动必备的知识、技能、技巧有正确认识、对自我劳动素质理性判断并作出合理的自我定位;另一方面,立足岗位踏实劳动,求真学问,练真本领。同时,实事求是地对待劳动成果,摒弃虚假之风,反对一切不劳而获和投机取巧的思想,积极弘扬劳动精神、劳模精神和诚信文化,依靠诚实劳动实现人生梦想。

于个人而言,唯有诚实劳动,才能最好地保障和实现人的自由本质,创造体面劳动和全面发展的"资本"。于国家而言,诚实劳动是提升国力的基石和坚守国格的精神基因。

三、创造性劳动

创造性劳动是理解未来社会发展的关键。所谓创造性劳动,是指人充分利用其劳动技能、科学知识通过技术、知识、思维的创新,创造新的生产条件、方式、劳动成果和社会需求的劳动。它建立在开放性思维和挑战性实践的基础上,是不断探索创新的过程。

创新的过程

要想完成创造性劳动,我们首先必须以自身的专业知识技能为基础、以科学知识为依托,同时在这个基础上找准专业优势和社会发展的结合点,找准先进知识和我国实际的结合点,促使创新创造落地生根、开花结果。

创造性劳动,是新时代建设创新型国家的发展战略需要,也是培养自由全面发展的人的内在要求。可以说,创造性劳动的本质是进取创新,创新关乎国家前途命运、关乎人民福祉,体现了中国人民的伟大创造精神。

榜样故事

"超级工程"书写"大国工匠"传奇

5 年,33 节巨型沉管安装,60 多万颗螺丝零失误……他和团队建造了世界首条"滴水不漏"的外海沉管隧道,为港珠澳大桥这个"超级工程"提供了坚实的保障。他就是刚刚获得了天津市 2017 年"津门工匠"荣誉称号的中交一航局第二工程有限公司港珠澳项目部机修班长管延安。

下"笨功夫"毫米间见"匠心"

港珠澳大桥是迄今为止世界上施工难度最大的跨海大桥，被英国《卫报》评为"新世界七大奇迹"，工程中最大的挑战就是在茫茫大海中央修建一条5.6公里的海底隧道，长度、规模、施工工艺都是我国首次尝试。

2013年年初，管延安成为港珠澳大桥建设者中的一员，主要负责沉管安装中的舾装和管内压载水系统等相关作业。大桥海底隧道由33条沉管连接而成，每条沉管标准长度为180米，水平面积堪比10个篮球场之大，超级沉管在12米海底实现厘米级精确对接，在业内人士看来，难度系数丝毫不亚于"神九"与"天宫一号"的对接。

管延安负责的设备中有一种叫截止阀，沉管对接时，它的作用是控制入水量，调节下沉速度，从而让两节隧道在深海中精准对接。"如果要在地面完成，只要拧紧螺丝就够了。但要在深海中完成两节隧道的精准对接，做好设备不渗水不漏水，安装接缝处的间隙必须小于1毫米，就只能靠手感来操作了。"管延安说。

1毫米的间隙无法用肉眼判断，管延安却通过一次次的拆卸和练习，凭着"手感"，创下了零缝隙的奇迹。就是为了找到这种"最佳感觉"，他拧螺丝几乎不戴手套，"隔着一层布，'手感'就没了。"经过了数以万计的重复工作，管延安练就了左右手拧螺丝均能达到误差不超过1毫米的高精准水平。

"大家都叫我'中国深海钳工第一人'。但是，只有我的徒弟们知道，我只是认认真真、仔仔细细、不厌其烦地从第一节沉管到最后第33节沉管，从拧过的第一颗螺丝到最后第60万颗螺丝，在每一件设备、每一颗螺丝安装完后，都坚持做到反复检查三至五遍才放心。"管延安说，海底隧道建设是造福成千上万人的大事，至少在我所负责的环节一定要精益求精。

管延安并非生来就是一个技术超群的钳工，之所以能够有今天这样的技术水平和工作能力，需要耐心，更需要时间，平时半个小时就能安装好的设备，变成了四五个小时才能完成，但管延安觉得，这些"笨功夫"下得值。

专注敬业铸就完美"超级工程"

较真、敬业是工友们对管延安最深的印象。刚来到工地时,在第一节沉管的二次舾装作业中,由于在安装前进行试压的时间不够,刚刚安装好的一个蝶阀出现了渗漏现象。这个事情给了管延安一个深刻的教训:从此以后,每一个蝶阀,不管是新的还是重复利用的,他都要逐一仔细检查,试压的时间不少于半个小时(见图2-3)。

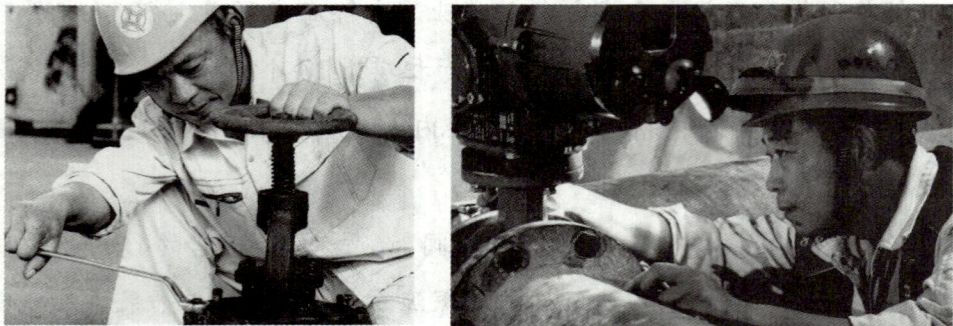

图2-3 管延安的工作瞬间

管延安对工作有着近乎偏执的认真。"为了达到零缝隙对接,每次安装时,我带着工友们顶着巨大的压力,配合测量队的队员们,从早上六点,一直干到晚上十二点,但没有一个人叫苦叫累。"管延安说,未开通的隧道闷热潮湿,而且空气不流通,每次沉管安装成功后,他都要下去对设备进行拆除送回牛头岛进行维修检测。其中有段路工具车是不能通过的,为了不耽误"超级工程"的施工进度,他背着拆除的沉重设备来回跑,一跑就是好几天。

管延安习惯写"维修日记",将自己修过的机器、零件进行详细记录,并将问题和思考记在上面,至今已经积累了八大本,这也成了徒弟们的"宝典"。

随着港珠澳大桥通车日期的日益临近,管延安内心无比激动:"这是我和同事们一起奋斗过的'老地方',花费了五年的时间去建设的一项工程,我们是在用感情建设他。港珠澳大桥通车的那一天很快会到来,到时我希望能开着车从咱海底隧道走一圈转一圈。"

活动1 致敬普通劳动者

【活动背景】

每一座城市的美丽,都离不开基层劳动者辛勤的汗水和无私的付出。无论是环卫工、保安员还是快递员,只要为社会创造价值,服务于人民,就是光荣的,只要是劳动者就该得到承认和尊重。

【活动目的】

1. 让学生了解劳动创造美好生活的道理。

2. 让学生了解并树立正确的劳动价值观。

【活动设计】

以小组(3～5人)为单位,选择一个普通劳动者群体,向他们致敬。致敬的形式不限。要求活动过程用短视频的形式记录。

【参加人员】

全体学生。

【过程记录】

活动开展计划:

活动开展关键点:

活动开展难点及解决方案:

心得体会：

【结果评价】

评价项目	评价主体		
	自我评价	小组评价	教师评价
出席率			
守时			
责任感			
乐助性			
投入感			
工作效率			
与其他志愿者的关系			

注：评价等级为 A—优秀，B—良好，C—合格，D—不合格。

【总结反思】

活动总结	
我的收获	
我的不足	
改进措施	

活动2 "从新冠肺炎看新时代劳动教育"主题演讲评比活动

【活动背景】

2020 年春，一场突如其来的新冠肺炎疫情肆虐全国，举国上下万众一心、众志成城抗击疫情。在大灾大疫面前,遍地英雄,群星闪耀。国家援鄂抗疫医疗队等 10 个抗疫一线医务人员用以生命赴使命的行动,诠释了伟大抗疫精神。在历史曲折处,在惊心动魄间,那些无法被时光冲淡的英雄之举,是医者仁心和大爱无疆的写照,也是我们不能忘却的来路。

铭记英雄,我们不能忘记命运与共、风月同天的崇高之义。人类正在经历第二次世界大战结束以来最严重的全球公共卫生突发事件。抗疫仍在路上,他们还未卸甲。从湖北到黑龙江、吉林、北京、新疆,从国内到意大利、塞尔维亚、非洲大地,"中国白衣天使"成为为生命挡风遮雨、为世界守护安宁的一面旗帜,也收获着世界人民的友善和情谊。美好的互助之情背后,是中华文化自古以来天下一家、守望相助的大爱情怀,也是一撇一捺书写的共同构建人类卫生健康共同体的中国担当。

一线医务人员英雄群体的先进事迹是一段段光荣的记忆,连同这些闪亮的名字,成为我们抗击疫情的坚强支撑,也激励着我们慎终如始,夺取抗疫斗争全面胜利。铭记英雄,正是为了不忘来路,勇毅前行。

请以"从新冠肺炎看劳模精神之我感"为主题展开一场主题演讲比赛。

【参加人员】

全体学生。

【指导思想】

以"从新冠肺炎看新时代劳动教育"为指引,引导同学们积极参与活动,以自己的切身感受促进道德品质的提升,把劳动与道德修养、情感体验、人生观、价值观有机地结合起来。

【活动主题】

"从新冠肺炎看新时代劳动教育"

【活动原则】

以"从新冠肺炎看新时代劳动教育"为主题,尽情发挥参赛选手的自身风采和演讲才能,以各自不同的、新颖的角度和方式表达对"从新冠肺炎看新时代劳动教育"的理解。

【活动内容】

1. 比赛时间：_____年_____月_____日。

2. 比赛地点：_____。

【活动准备】

（一）参赛选手要求

1. 全校学社。

2. 主题为"从新冠肺炎看新时代劳动教育"。

3. 如需背景音乐，则自带音乐。

4. 自备服装和道具。

（二）时间初步安排

1. 赛前一个月通知各系部组织本专业人员准备。（秘书部和办公室负责）

2. 赛前一周报名截止。

3. 比赛当晚18:00各部门到舞台准备，18:30正式开始。

（三）赛前宣传

赛前一个月为比赛准备期和宣传期。宣传活动主要以海报的形式告知同学们比赛的时间、内容等。（宣传部负责）

【比赛流程】

1. 主持人致开幕词并且介绍到场的评委、嘉宾。

2. 主持人介绍比赛的规则、评分细则。

3. 比赛开始，选手根据比赛前的抽签顺序进行比赛。

4. 其间主持人向观众及选手公布结果分数。

5. 在每4位选手参加完比赛之后，中间穿插节目，调节比赛气氛。

6. 待所有的选手比赛完后，邀请评委代表上台发言，工作人员进行统分。

7. 评委发言完后，主持人上台宣布比赛结果。（依次由单项奖到一等奖）

8. 上台颁奖。

9. 主持人宣布比赛结束，全体工作人员、嘉宾、评委、选手合影留念。

10. 工作人员负责做好后期工作。

【注意事项】

1. 参赛者必须提前到场,到指定区域就座。

2. 为了考查演讲者的演讲与应变能力,比赛设有答辩环节,对此,希望参赛者赛前充分准备。

【活动预期效果】

1. 通过活动进一步提升同学们的劳动素养,打牢学生的价值取向。

2. 培养职业的技能,夯实学生的立身之本,提升学生的劳动意识,知道劳动的艰辛,懂得尊重、爱惜劳动成果。

3. 通过活动使同学能主动地投入实践中,能体验劳动的快乐,能分享自己的劳动成果。

【评分规则】

评委明确给出每部分评分(评分为整数),由工作人员进行最后加总,去掉最高分与最低分,取平均分为选手比赛成绩,按成绩排名分别设立一、二、三等奖。最佳朗诵奖和最受欢迎奖由评委票选得出。(如票数相同则得分高者获奖)

【主题演讲评价表】

评价标准	评价细则	分值	分数小计	教师评价
演讲内容	故事真实、典型	20分		
	体现自身的感悟	10分		
	抗疫故事体现时代精神	10分		
语言表达	语速适当,表达有节奏感	10分		
	吐字清晰,声音洪亮	15分		
形象风度	举止自然得体,精神饱满	10分		
	适当运用手势、表情等辅助表达	10分		
综合表现	讲述效果好,富有较强的感染力	15分		

📖 **探讨与思考**

一、选择题

1. 劳动实践的三种形式包括( )。

A. 辛勤劳动

B. 诚实劳动

C. 创造性劳动

2. 新时代大学生的劳动价值观不包括( )。

A. 尊重劳动、热爱劳动

B. 热爱劳动、践行劳动

C. 践行劳动、创新劳动

二、填空题

1. 诚实劳动,是指劳动者以_____、_____、_____的态度为他人和社会提供_____、_____,要求我们_____劳动,要求我们在_____前提下从事道德的劳作。

2. 创造性劳动,是指人充分利用其_____、_____通过_____、知识、_____,创造新的_____、_____、_____和社会需求的劳动。

三、简答题

1. 谈谈中国传统劳动观对你的影响。

2. 中国当代劳动观应该是怎样的?

3. 当代大学生如何树立正确的劳动观?

第三章　劳动精神、工匠精神、劳模精神

学习目标

知识目标

1. 了解劳动精神、工匠精神和劳模精神
2. 理解新时代楷模的精神

能力目标

1. 能够从事长期复杂单一的劳动
2. 能够独立负责社会实践项目的实施

思政目标

1. 人格品质：有所为有所不为
2. 职业素养：底线与坚守

课堂导入

1998年11月，宋彪出生在安徽蚌埠市怀远县下面的一个小村庄。上小学时，他就喜欢拆拆装装。在学校里，宋彪的学习成绩并不算突出，2014年中考，他的分数仅比普通高中录取分数线高出几分。面对未来，宋彪与父亲长谈了一次，决定上职业学校。

2014年9月，宋彪来到江苏省常州技师学院，成为机械工程系五年制模具设计与制造专业的一名学生。

2016年6月，宋彪被学校选中，获得了参加第44届世界技能大赛江苏省选拔赛的资格。对于这个难得的机会，宋彪异常珍惜，最终以第一名的成绩，取得了代表江苏省参加全国选拔赛的机会。

2017年6月，在国家集训队经过"6进3""3进2""2进1"三轮淘汰选拔赛，宋彪最终脱颖而出，成为代表国家出战第44届世界技能大赛工业机械装调项目的唯一正式选手。

2017年10月，代表中国出征在阿联酋阿布扎比举行的第44届世界技能大赛，宋彪不畏强手，勇摘工业机械装调项目金牌，并在1260名参赛选手中以最高分捧回被称为"金牌中的金牌"的阿尔伯特·维达尔奖，成为获此殊荣的中国第一人，向世界展现了新时代中国青年工匠的风采，为国家赢得了荣誉。

2018年1月，江苏省政府为他记个人一等功、授予"江苏大工匠"称号；江苏省人社厅认定宋彪副高级专业技术职称、晋升高级技师职业资格，成为江苏最年轻的副高级专业技术职称获得者。

2019年，宋彪荣获"中国青年五四奖章"。《宋彪的故事》也被人社部遴选为全国技工院校开学第一课读物。

面对诸多荣誉，宋彪感慨良多，"经历这么多，我能感受到党和国家对于技能人才培养的重视和关怀。技能改变人生，技能成就梦想，从我的个人经历看，这条路选对了。"宋彪表示，接下来，他将珍惜荣誉，再接再厉，用自己的努力阐释新时代中国青年的工匠精神。

第一节　三种精神的概述

一、劳动精神

劳动精神是每一位劳动者为创造美好生活而在劳动过程中秉持的劳动态度、劳动理念及其展现出的劳动精神风貌。无论时代条件如何变化，我们始终都要崇尚劳动、尊重劳动者。劳动创造了中华民族，造就了中华民族的辉煌历史，也必将创造出中华民族的光明未来。随着中国特色社会主义进入新时代，对广大劳动者也提出了新要求，有了新期待。

二、工匠精神

党的十九大报告中提出"建设知识型、技能型、创新型劳动者大军，弘扬劳模精神和工匠精神，营造劳动光荣的社会风尚和精益求精的敬业风气"。报告中所提的"工匠精神"，是具有新时代内涵的。

新时代的"工匠精神"的基本内涵，主要包括爱岗敬业的职业精神、精益求精的品质精神、协作共进的团队精神、追求卓越的创新精神这四个方面的内容。其中，爱岗敬业的职业精神是根本，精益求精的品质精神是核心，协作共进的团队精神是要义，追求卓越的创新精神是灵魂。

爱岗敬业的职业精神。爱岗敬业，是爱岗和敬业的合称，二者互为表里，相辅相成。爱岗是敬业的基础，而敬业是爱岗的升华。具体来说，所谓"爱岗"，就是要干一行，爱一行，热爱本职工作，不能见异思迁，站在这山望那山高。所谓"敬业"，就是要钻一行，精一行，对待自己的工作，要勤勤恳恳，兢兢业业，一丝不苟，认真负责。凡是获得"工匠"和"劳模"荣誉称号的工人，都是爱岗敬业的典范，很多人都在本职岗位上工作了二三十年之久，干出了一番事业。所以，"工匠精神"最根本的内涵，就是"爱岗敬业的职业精神"。

精益求精的品质精神。顾名思义，精益求精，是指一件产品或一种工作，本来做得很好了，但还不满足，还要做得更好，达到极致。"精益求精的品质精神"是"工匠精神"的核心，一个人之所以能够成为"工匠"，就在于他对自己产品品质的追求，只有进行时，没有完成时，永远在路上；他不惜花费大量的时间和精力，反复改进产品，努力把产品的品质从99%，提升到99.99%。对于"工匠"来说，产品的品质只有更好，没有最好。在调研中，最深感受之一就是追求极致、精益求精，这是获得各类"工匠"荣誉称号的工人的共同特点，也是他们能身怀绝技、在国际、全国或省的各种技能大赛中夺金戴银的重要原因。

协作共进的团队精神。如果说"爱岗敬业的职业精神""精益求精的品质精神"是传统的"工匠精神"中具有的内涵，那么"协作共进的团队精神"则主要体现于新时代的"工匠精神"之中。因为和传统工匠不同，新时代工匠尤其是产业工人的生产方式已不再是手工作坊，而是大机器生产，他所承担的工作，只是众多工序中的一小部分。比如"复兴号"列车，一列车厢就有三万七千多道工序，这三万七千多道工序，一个人是不可能完成的，必须由车间或班组协作来完成。团队需要的是"协作共进"，而不是各自为战。因此，"协作共进的团队精神"是现代"工匠精神"的要义。所谓"协作"，就是团队成员的分工合作；所谓"共进"，就是团队成员的共同努力、共同进步。

追求卓越的创新精神。和"协作共进的团队精神"一样，"追求卓越的创新精神"也是新时代"工匠精神"的内涵之一，甚至是新时代"工匠精神"的灵魂。传统的"工匠精神"强调的是继承，祖传父、父传子、子传孙，是传统工匠传承的一种主要方式，而新时代的"工匠精神"强调的则是在继承基础上的创新。因为只有在继承基础上的创新，才能跟上时代前进的步伐，推动产品的升级换代，以满足社会发展和人们日益增长的对美好生活的需要。有无"追求卓越的创新精神"，是判断一个工人能否称之为新时代"工匠"的一个重要标准。

当前,我国正处在从工业大国向工业强国迈进的关键时期,培育和弘扬严谨认真、精益求精、追求完美的工匠精神,对于建设制造强国具有重要意义。而只有对新时代"工匠精神"的基本内涵形成共识,才能树匠心、育匠人,为推进中国制造的"品质革命"提供源源不断的动力。

三、劳模精神

劳动模范是优秀劳动者的典型代表,劳模精神激励了千千万万普通劳动者坚守信念、立足岗位、开拓创新、建功立业。深入考察劳模精神的丰富内涵,清晰阐释劳模精神的内在逻辑,准确判断劳模和劳模精神研究的学术方位,对于解读劳模本质、探究劳模品格、宣传劳模价值和弘扬践行劳模精神,具有重要的理论价值和重大的实践意义。

(一)劳模精神是工人阶级先进性的集中体现

在中国革命、建设、改革的各个历史时期,我国工人阶级都具有走在前列、勇挑重担的光荣传统,我国工人运动都同党的中心任务紧密联系在一起。劳动模范作为工人阶级的优秀代表,是时代的引领者,在工作生活中发挥了先锋和排头兵作用,他们以辛勤劳动、诚实劳动和创造性劳动,持续推动着社会进步、国家发展和民族复兴。劳模精神作为劳动模范的思想内核、行动指南和精神灯塔,成为推动时代前进的强大精神动力,充分体现了工人阶级先进性的主体地位,彰显了工人阶级的伟大品格,推动了工人阶级的成长进步。

(二)劳模精神是工人阶级主人翁意识的集中凸显

主人翁意识是劳模精神的内在本质,是正确认识和理解劳模精神的关键词。正是因为自觉的、强烈的主人翁意识,劳模才以车间为家、以厂为家、以企为家、以国为家,才具有积极主动的岗位意识、职业意识,进取精神和创新精神,才在本职工作中充分发挥积极性、主动性和创造性,才能够艰苦奋斗、淡泊名利、甘于奉献,自觉把人生理想、家庭幸福融入国家富强、民族复兴的伟业之中,最终建构起个人与集体、个人梦与中国梦、小家与国家民族融合统一的发展共同体和命运共同体。

（三）劳模精神是社会主义核心价值观的生动诠释

劳模精神的重要元素和构成因子，像岗位意识、职业精神、进取精神、拼搏精神、创新精神、家国情怀和奉献精神等，是对社会主义核心价值观的生动诠释和现实呈现。可以说，劳模精神是社会主义核心价值观的具象化、人格化和现实化。一方面，劳模是遵循社会主义核心价值观的典范样本，是社会主义核心价值观的模范实践者、生动传播者和最有说服力的检验者；另一方面，劳模之所以能够生成劳模精神，能够成为全社会学习的典范，一个重要原因就在于其主动自觉地遵循并践行了社会主义核心价值观。

（四）劳模精神是时代精神的生动体现

劳模精神是引领时代新风的精神高地，生动体现了时代精神的精神实质、主要特征和重要内容。一方面，劳模精神具有鲜明的时代特征，是时代精神的生动体现。作为一种文化精神，劳模精神不是一成不变的，而是实践的、创新的、鲜活的、生动的存在，随着国家意识形态、经济社会形势和时代变迁而不断演变发展。另一方面，劳模精神推动了时代精神的发展，丰富了时代精神的内涵。在劳模的创造性实践和不断探索中，激发出蕴含着自主性、首创性、先进性元素的劳模精神，呈现着社会进步的发展方向。劳模精神不断为时代精神注入新能量，凸显并丰富时代精神的内涵。

（五）劳模精神是民族精神的重要组成部分

一方面，劳模精神是民族精神核心要素的集中体现。劳模精神既体现了以爱国主义为核心的团结统一、爱好和平、勤劳勇敢、崇德尚礼、公而忘私的民族情怀，又体现了知行合一、自立自强的人生追求。另一方面，劳模精神是民族精神创新发展的重要推动力量。劳模精神始终与时俱进，创新丰富了民族精神。一代又一代劳模，用自己的辛勤劳动、诚实劳动和创造性劳动，为民族精神注入新能量，不断丰富着民族精神的博大内涵。

（六）劳模精神是劳动精神的积极呈现

劳模精神继承并发展了中华民族传统优秀的劳动观念，树立并彰显了一种辛勤劳动、诚实劳动、创造性劳动的新理念，营造并弘扬了一种劳动光荣、技能宝贵、创造伟大的时代风尚，生成并传播了一种劳动者至上、劳动者平等、劳动者可敬、劳动最光荣、劳动最崇高、劳动最伟大、劳动最美丽的劳动观。也正因如此，劳动者才能通过自己的劳动，收获满足感、快乐感、尊严感，在创造丰富物质财富的同时，也拥有丰盈的精神世界。

（七）劳模精神当代品格的核心要素是工匠精神

从本质上讲，工匠精神是一种基于技能导向的职业精神，它源于劳动者对劳动对象品质的极致追求，它具有精益求精、专注执着、严谨慎独、创新创造、爱岗敬业以及情感浸透、自我融入的基本内涵，既表现了极致之美的品质追求，又体现了敬业之美的精神原色，更展现了创造之美的价值升华。工匠精神是劳模精神的重要构成要素，也是劳模精神当代品格的核心体现。工匠精神充分凸显了新时代劳模精神爱岗敬业、精益求精、追求卓越的精神品质和价值导向，可以说，工匠精神是对劳模精神的重要深化和丰富发展。

（八）劳模精神是培育时代新人的重要手段

一方面，劳模精神作为社会主义核心价值观的生动体现，更简单为人们所理解，更容易为人们所接受，更方便为人们所模仿，将对培育时代新人起到重要推动作用。另一方面，通过强化教育引导、舆论宣传、文化熏陶、实践养成、制度保障，培养和造就具有劳模精神的时代新人，就能够激发广大劳动者干事创业的积极性、主动性和创造性。因此，要紧密围绕培养时代新人这个重大命题，在全社会特别是各级学校教育中培育、弘扬和践行劳模精神，引导全社会特别是青少年树立正确的劳动价值观，全面提升劳动者的整体素质和精神品格。

（九）劳模精神是文化自信的重要支撑

一方面，劳模精神是中国特色社会主义文化的重要组成部分，始终贯穿于建设中国特色社会主义文化的全过程。劳模精神植根于中华民族劳动过程特别是中国特色社会主义伟大实践，充分继承并发展了中华优秀传统文化和社会主义先进文化。另一方面，弘扬和践行劳模精神，有助于坚定文化自信,推动社会主义文化繁荣兴盛。弘扬和践行劳模精神,有助于牢牢把握意识形态工作领导权,有助于培育和践行社会主义核心价值观,有助于加强思想道德建设,有助于促进中国特色社会主义文化繁荣发展。

（十）劳模精神是实现伟大复兴中国梦的重要力量

一方面,劳模精神是实现伟大复兴中国梦的宝贵精神财富。在全社会弘扬和践行劳模精神,营造尊重劳动、尊重知识、尊重人才、尊重创造的社会氛围,涵养以辛勤劳动为荣、以好逸恶劳为耻的社会风气,培育积极健康、开放包容的社会心态,才能够让"劳动光荣、创造伟大"成为时代强音,让"辛勤劳动、诚实劳动、创造性劳动"成为普遍认同的价值遵循。另一方面,劳模精神是实现伟大复兴中国梦的强大精神力量。要实现伟大复兴中国梦,实现从制造大国向制造强国的华丽转身,建设知识型、技能型、创新型劳动者大军,必须要大力弘扬和践行劳模精神。如此,才能够真正为中国经济社会发展汇聚强大正能量,才能真正为实现中华民族伟大复兴中国梦增砖添瓦。

四、正确理解劳动精神、工匠精神、劳模精神的关系

（一）劳模精神和劳动精神是部分和整体的关系

劳模精神和劳动精神是部分和整体的关系。从主体上看,劳模精神的主体是劳模群体,劳动精神的主体是所有劳动者,而劳模群体是广大劳动者群体中的佼佼者和杰出代表,也是广大劳动者学习的榜样和楷模。劳模的本意也就是劳动者的模范。劳模群体是劳动者群体中的一部分。从这个意义上讲,劳模精神也是劳动精神的一部分。劳动精神是做一名合格的劳动者应该有的精神,劳模精神则是成为劳模必须有的精神。做劳动者不合格,做劳模更不可能。没有劳动精神,也很难有劳模精神。所以,劳动精神应该成为所有劳动者都必须拥有的精神。劳模精神也是所有劳动者都应该学习的精神。二者也是方向和基础的关系,劳模精神是方向,劳动精神是基础。

（二）劳模精神和工匠精神是外力和内力的关系

劳模精神和工匠精神是外力和内力的关系。劳模精神是所有劳动者都

应该学习的精神,是影响和引领每一位劳动者从平凡走向不平凡的外力。劳模精神从外部影响每一位劳动者学先进、做先进。工匠精神则是每一位劳动者都应该具有的精神,是激发和激励每一位劳动者不断自我挑战和自我超越的内力。工匠精神从内部唤醒每一位劳动者不断成为最好的自觉。劳模精神是超越别人的精神,他们就是因为超越了很多劳动者脱颖而出。工匠精神是超越自己的精神,世上最大的对手不是别人,而是自己。工匠精神是让劳动者成为自己的"劳模",劳模精神是让劳动者成为别人的"模范"。工匠精神点亮了自己的生命,劳模精神则照亮了别人的生命。

(三)劳动精神和工匠精神是共性和个性的关系

劳动精神和工匠精神是共性和个性的关系。劳动精神是所有劳动者的共性,每一位劳动者都应该有劳动精神。工匠精神则揭示了不甘于平庸的劳动者的个性,是成就优秀劳动者的必要条件。个性不仅是产品和企业的核心竞争力,也是劳动者的核心竞争力。这里所说的劳动者的个性主要是指劳动者在自我超越过程中彰显出的个人优势及其精神状态,也就是工匠精神。换句话讲,没有工匠精神的劳动者很难有出色的成就和骄人的业绩。精益求精、追求极致是践行工匠精神的核心,也是成就杰出劳动者的根源。当然,如果工匠精神成就的劳动者不仅大大超越了过去的自己,也大大超越了别人,在企业、行业、全国乃至全世界都成为最优秀的劳动者。那么,他就会成为别人学习的榜样和楷模,最终就会成为劳模,劳模精神也随之产生。

按照马克思主义的基本观点,劳动创造了人本身。劳动精神是成为人的精神,工匠精神是成为更加优秀的人的精神,劳模精神则是成为影响别人的人的精神。成为人、成为更加优秀的人、成为影响别人的人,就是一种逐步递进的关系。党和国家现在大力呼吁弘扬劳动精神、工匠精神、劳模精神,目的就在于让每一个人都热爱劳动,成为自食其力的劳动者,更要成为优秀的劳动者,甚至成为广大劳动者群体中的佼佼者和大家学习的榜样。

📖 **榜样故事**

劳模演绎工匠精神："做深一件事，做好几十年"

我的"武林秘籍"

宁波中大力德智能传动股份有限公司设备科科长万亚勇（见图3－1）有几本自制的"武林秘籍"。打开这些"武林秘籍"，里面收藏着的是他工作近30年来钻研打磨出来的精密仪器维修技术。

"我们公司专门生产电机和高精密减速器，80%的设备都是原装进口的，维护这些系统需要有丰富的理论知识和实践经验。以前维修这些设备，都需要国外的技术人员，工作受制于人，比较被动。"万亚勇分享道。为了打破国外技术垄断的被动局面，他下定决心，刻苦钻研，独创了"用眼看、用耳听、用鼻嗅、用手摸、用脑想"的维修高端进口设备技术，最终在外国维修工人面前"挺起了腰杆"。

在浙江省推动制造业"转型升级"，推广"机器换人"时，万亚勇为了让进口设备与国产机器人互相连通，一门心思地扑在了研究进口设备原有程序图上，最终让国产机器人与进口设备无缝对接，大力推进了智能工厂的建设。

现如今，为了能够将工匠精神与自己的"武林秘籍"传承下去，万亚勇签约了"名师带徒"活动，通过一对一"传、帮、带"的方法，让更多工匠创造出更多"独门秘籍"。

图3－1　万亚勇

"我把枯燥无味的程序图加入仿真软件,并放在机床中实践,让他们有更大的兴趣。传承是我们劳模的社会责任,我以后还会立足一线,把自己学到的东西传授给更多的人。"万亚勇说。

万无一失一失万无

浙江大学邵逸夫医院眼科主任姚玉峰(见图3-2)在日本博士毕业后,因为主持了世界上第一例采用最新剥离术进行的角膜移植手术而声名鹊起。为此,他的日本导师曾多次挽留,希望把他留在海外,继续深造研究。

当时35岁的姚玉峰拒绝了这个邀请,"留在国外,是在别人已经发展的高度上再做点精致的工作;回国,是在一个历史起点上自己搭建平台,构建团队。"

回国后,姚玉峰深入实践,开发出了被国际命名并被载入世界角膜移植发展史的"姚氏法"角膜移植,且从2009年开始,在医学会和医院的支持下,开始了"姚氏法"的普及工作,毫无保留地把独门秘诀授之于人。

近几年来,姚玉峰顶着必须"万无一失"的巨大压力,面对可能"一失万无"的艰难挑战,给中国第一代核潜艇总设计师黄旭华院士、开国将军甘祖昌的夫人龚全珍等成功实施了高难度的眼科手术。

"对于未来,我将一如既往地体现大医精诚、医者仁心的情怀,继续做好学科和团队建设。"姚玉峰表示。

图3-2 姚玉峰

为数字经济"一号工程"贡献力量

阿里云智能事业部算法工程师余亮(见图3-3)是这样解释自己的工作的:自己就是"为各行各业提供计算基础设施,用数字赋能各个垂直行业。"

2016年,余亮结束了7年多的海外研究工作,回国加入阿里云,开始从事城市大脑运行算法的设计开发。用数据来解决杭州的交通拥堵是余亮开始着手的第一件事。在杭州交警等相关部门的支持下,余亮和他的团队夜以继日建设城市大脑平台,打通城市数据汇聚链路,对数十种不同来源的数据进行分析、清理、加工,并不断地对模型进行测试和调优。在实践两年多以后,余亮和他的团队最终实现了杭州拥堵排名从全国第5下降到全国57位的好成绩。"我们充分运用了城市大脑数据科学决策,既保证视察线路通畅,又保证市民日常交通不受影响,充分体现了数字科技助力政府决策的价值。"余亮说。

新冠肺炎疫情发生后,余亮和阿里云智能部门的同事们一起,依托杭州城市大脑这三年来的建设成果,从构思到第一次上线,只用了一个星期的时间就迅速在杭州推出了健康码的应用,而健康码的推广也为浙江乃至全国打赢抗疫攻坚战做出了巨大的贡献。"在数字新基建的号角下,城市大脑、云智能正在重新出发,化危为机。未来我也将牢记时代赋予我们的使命,为浙江省的数字经济'一号工程'贡献力量。"余亮说。

图3-3 余 亮

第二节 传衣钵，做新时代楷模

一、忠诚责任

（一）忠诚是切实履职的前提

在做一件事的时候，我们只要用心，并尽心去做就好，不要说它的深奥道理，不要联想它惊天动地的事业，更不要认为它是伟人们做的。其实，平凡孕育着伟大。在我们周围的工作、学习和生活中，做个有心人，事事皆有趣味，做人也忠诚，付出了自己的劳动，洒下了自己的汗水，也就尽到自己的责任，享受了快乐。也即是说，忠诚履职是追求这种快乐的精神支柱。

（二）责任是敢于付出的坚守

强化责任担当，坚守初心使命。责任是使命的基石，担当是使命的翅膀，只有稳扎稳打，才能展翅飞翔。

强化责任意识，就是要对自己负责，对家人负责，对组织负责，对人民负责，对国家负责。责任感可以让人强大，能让人超越自己，保持知足感恩的心，保持理性平和的心态。

二、爱岗敬业

爱岗敬业

（一）爱岗敬业是基本的职业道德

爱岗敬业是为人民服务和集体主义精神的具体体现。社会大力提倡的职业道德行为准则，是国家对人们职业行为的共同要求，是每个从业者应当遵守的共同的职业道德。爱岗敬业作为最基本的职业道德规范，是对人们工作态度的一种普遍要求。

（二）甘于岗位的平凡但不安于平庸

对每个渴望成就一番事业，实现自身价值的人来说，本职岗位既是磨炼自己、增长才干的"大舞台"，也是个人成长进步、建功立业的"主阵地"。只要我们每个人努力珍惜在各个岗位的时光，自觉做到安于平凡岗位，乐于平凡工作，脚踏实地，不懈努力，就能在小岗位上有所作为，创造不平凡的业绩。

三、奉献成长

奉献，是一种爱，是对自己事业的不求回报的爱和全身心的付出。对个人而言，就是要在这份爱的召唤之下，把本职工作当成一项事业来热爱和完成，从点点滴滴中寻找乐趣；努力做好每一件事、认真善待每一个人。

奉献是不计报酬的给予，是"有一分热放一分光"，是"我为人人"。奉献者付出的是青春，是汗水，是热情，是一种无私的爱心，甚至是无价的生命。因为有人奉献，社会的物质财富和精神财富才会不断增加，人类才会不断前进。奉献者收获的是一种幸福，一种崇高的情感，是他人的尊敬与爱戴，是自己生命的延长。

四、感恩励志

（一）感恩是一种人生智慧

常怀感恩之心，我们便会更加感激和怀想那些有恩于我们的每一个人；常怀感恩之心便会给予别人更多的帮助和鼓励；常怀感恩之心，对别人、环境就会少一分挑剔，多一分欣赏。感恩的心是一种永不泯灭的美德。

（二）学会在挫折中磨炼意志

挫折是指个体在从事有目的的活动中，遇到了障碍或干扰，导致其动机不能实现，需要不能满足时产生的情绪反应。每个人在人生道路上都会遇到或大或小、或多或少、或这样或那样的挫折。而挫折都会使人产生焦虑、失望、忧虑、担心、痛苦等情绪反应。人生不如意的事十之八九，而挫折就是人生的一部分，一个人的生活就是战胜挫折，战胜自我的过程。挫折既可以成为一块垫脚石,还可以是一笔财富,也可以成为万丈深渊,就看你怎么对待它。如何去对待挫折,表现了一个人的意志品质。

五、团结执行

（一）团结凝聚力量

团结,就是要用统一的思想和目标,把人凝聚在一起。团结就是力量,团结才能前进。不论时代如何发展,团结的精神永不过时。中国人民是具有伟大团结精神的人民,实现中华民族伟大复兴是海内外中华儿女共同的梦。

（二）执行提升能力

要提升个人执行力,一方面是要通过加强学习和实践锻炼来增强自身素质,而更重要的是要端正工作态度。

一个人的习惯不是一朝一夕养成的,要改变习惯也不是能够轻易做到的。所以提升个人执行力要认真对待、注重细节,来不得半点马虎和虚假。

（三）以实干担起责任

以实干担起责任,需要学会理论结合实际,抓准主要矛盾,从具体问题中找到解决问题的切入点和突破口,切实提高管理工作的能力和水平。要解决好发展中的问题,以"实干指数"提升发展的"后劲指数",以只争朝夕、时不我待的紧迫感、责任感,将本职工作做实、做细、做深、做好。

六、学习创新

（一）新时代呼唤学习型人才

新时代是建设的时代,作为建设国家的新生力量,我们不能停止学习的脚步,要通过学习不断完善自己。把学习作为自身的内在需求,增强学习的紧迫感和使命感,积极主动、自觉自愿地投入学习,不断提升自己的能力素质,增强各项本领。

学习是一个坚持的过程,坚持终生学习是保持先进性的体现。

（二）在学习中创造新价值

不要只是死读书，读死书，有价值的人生需要将知识转化，只有经历过才能更好地去认识到自己，只要自己经历的都是有价值的。在实践中思考、总结，才能为自己确立人生的目标提供更好的指导。

七、艰苦奋斗

（一）新时代更加需要艰苦奋斗

坚定的理想信念是要经过艰苦的实践考验，才能形成和巩固的。"不经一番寒彻骨，怎得梅花扑鼻香。"没有艰辛就不是真正的奋斗，没有苦干实干就难以创造有意义的人生。只有在艰苦奋斗中净化灵魂、磨砺意志、坚定信念，方能涵养出"千磨万击还坚劲"的定力。

（二）在艰苦奋斗中成就美好人生

少年强则中国强，当代青少年担负着光荣而艰巨的历史责任，只有继承和发扬艰苦奋斗的优良传统，坚持从我做起、从现在做起、从小事做起，才能为中华民族伟大复兴做出自己的贡献。

八、勤俭节约

（一）让勤俭节约成为一种习惯

艰苦奋斗、勤俭节约是中华民族的传统美德，要让勤俭节约成为一种习惯。无数经验教训告诉我们，艰苦奋斗才能成就海晏河清之业，如果放弃艰苦奋斗和勤俭节约，必会滋生奢靡享乐之风，那么整个社会风气也会出现严重问题。所以，勤俭节约决不能仅仅停留在"议论"的层面，要从实际生活的与工作开始行动起来。这就需要我们大家都能够养成良好的习惯，发扬节约作风。

（二）把勤俭节约理念根植于行动

要走好勤俭节约的路，首先在于把勤俭节约理念根植于行动。如果只满足于作为宣传口号随便喊两句,就没有人会去认真实行。古人讲"静以修身,俭以养德",君子需要依靠内心的宁静来修养身心,以俭朴的作风来培养德行,只有如此,才能明志和致远。

📖 **榜样故事**

大国工匠李万君

感动中国 2019 年度十大人物的李万君,是中车长客股份公司高级技师。2019 年他被中组部授予全国优秀共产党员荣誉称号。在中国高铁事业发展进程中,李万君实现了从一名普通焊工到我国高铁焊接专家的蜕变(见图 3-4)。

图 3-4 工作中的李万君

个人荣誉

作为中国第一代高铁工人的杰出代表,工作 30 年,李万君凭借自己精湛的技艺成为公司转向架制造中心的焊接大师、首席操作师,同时还获得了中华技能大奖,被人们称为工人院士。

1987 年 8 月,19 岁的李万君职高毕业后被分配到长春客车厂中车长客股份公司前身,在配焊车间最苦最累的水箱工段当工人,和他一起入厂的还有 28 个伙伴。

一进焊接车间，火星子乱蹦，烟雾弥漫，刺鼻呛人。焊工们穿着厚厚的帆布工作服，戴着焊帽，拿着焊枪喷射着2300℃的烈焰，夏天时，穿着几斤重的装备干完活出来，全身都得湿透。这样艰苦的条件不是每个人都能承受下来的。一年下来，和他一起入厂的同事调走了25个。但他，依然选择了留下来。厂里要求每人每月焊100个水箱，他就多焊20个，一年下来，两年一发的工作服被他磨破了5套，不够穿，他就到市场上自己掏腰包买。

除了跟着师傅学习，他一有时间就跑到其他师傅那儿看，有问题就问。一开始，一些老师傅嫌他黏人；但慢慢地师傅们发现，这个小伙子凡事问过一次，就会举一反三。不知不觉中，李万君的焊接手艺在同龄人中已出类拔萃。现在他一听焊接的声音，就知道哪个徒弟或是员工哪个地方焊得不好，焊缝是宽还是窄、焊接质量好不好……这样的境界，可是经过千锤百炼才能达到的。

把焊枪下的产品升华成艺术品为了攻克各种各样的困难，他成立了一个攻关团队，遇到焊接难题，整个团队都会群策群力，攻坚克难，将技能和智慧紧密地结合在一起，突破一个又一个难关。入厂第二年，李万君就在车间技能比赛中夺冠；2019年，他在中央企业焊工技能大赛中荣获焊接试样外观第一名；2019年，他第三次在长春市焊工技能大赛荣获第一名；2019年，他捧得了中华技能大奖。

2019年，李万君根据异种金属材料焊接特性发明了新型焊钳，获得国家专利并被推广使用。

企业责任

他常说，他就是一名技术工人，离开了生产一线啥也做不了，这辈子很幸运，能分配到长客，赶上了高铁发展的时代，才让他这样的技术工人有机会回报企业，报效国家。所以，他下决心干好高铁，变中国制造为中国创造，让每一个技术工人都能当上创新主角，像动车组一样，节节给力，人人添彩，到时候让老外给咱中国人打工！

"作为第一代高铁员工，我见证了高铁技术从追赶者变成了领跑者，我骄傲,我自豪,同时也感觉到了自己身上的责任,高铁有394道工序,每一道都不容失误,我们要坚持工匠精神,做好自己的本职工作,使我们的团队技术更加成熟,保证高铁又稳又快地奔跑,同时创造具有我国自主知识产权的品牌……"在得知自己成为感动中国2019年度人物时,李万君说,"我感到很荣幸,这个荣誉不是我个人的,而是整个中车、是我们吉林省的。"如今,中车长春轨道客车股份有限公司的转向架年产量超过9000个,比庞巴迪、西门子和阿尔斯通等世界三大轨道车辆制造巨头的总和还多。

2019年初,中车长客股份公司试制生产我国首列国产化标准动车组,转向架很多焊缝的接头形式是员工们从未接触过的。其中转向架侧梁扭杆座不规则焊缝和横侧梁连接口斜坡焊缝质量要求极高,射线检测必须100合格,不允许有任何瑕疵。由于不规则焊缝接头过多,极易造成焊接缺陷,使这个部位的焊接成为制约生产顺利进行的卡脖子工序,影响了标准化动车组的研制进程。

李万君马上主动请缨,以攻关团队李万君国家技能大师工作室为主要阵地,经过反复论证,多次试验,最终总结出交叉运用平焊、立焊、下坡焊,有效克服质量缺陷的操作技法,成功攻克了这项焊缝接头过多导致焊缝射线检测难以100合格的难题。

2019年7月15日,中车长客股份公司试制生产的两列中国标准动车组,以420公里每小时的速度成功进行会车实验。列车以相对时速840公里每小时的速度擦肩而过,这还是世界第一次。实验的完美表演,再一次赢得海外市场的关注,以及相关合作国家的青睐,成为开启国外高铁市场的一把金钥匙,为中国高铁走出国门奠定坚实的基础。

行业使命

为了在外国对我国高铁技术封锁面前实现技术突围,李万君凭着一股不服输的钻劲儿、韧劲儿,一次又一次地试验,取得了一批重要的核心试制数据,积极参与填补国内空白的几十种高速车、铁路客车、城铁车转向架焊接规范及操作方法,先后进行技术攻关100余项。

2019年,在出口伊朗的单层轨道客车转向架横梁环口焊接难题中,李万君再次挺身而出,经过不断试验摸索,成功总结出了氩弧自动焊焊接方法和一整套焊接操作步骤,一举填补了我国氩弧焊自动焊接铁路客车转向架环口的空白,也为我国日后开发和生产新型高铁提供了宝贵依据。

2019年,针对澳大利亚不锈钢双层铁路客车转向架焊接加工的特殊要求,李万君冲锋在前,总结出了拽枪式右焊法等20余项转向架焊接操作方法,解决了批量生产中的多项技术难题,累计为企业节约资金和创造价值800余万元。

其实,我的追求很简单,我希望很一位焊工都把焊接标准熔到骨子里,把焊枪下的产品升华到极致,从而形成一件件艺术品……李万君说。

凭着一股子不服输的钻劲儿、韧劲儿,他参与填补了高速车、铁路客车、城铁车转向架焊接规范及操作方法的几十种国内空白,先后进行技术攻关100余项,其中21项获得国家专利。

技艺传承

一枝独秀不是春,百花齐放春满园师傅带徒弟十分厉害。经他培训的400多名学员,全部考取了国际焊工资格证书,为打造一批大国工匠储备了坚实的新生力量(见图3-5)。

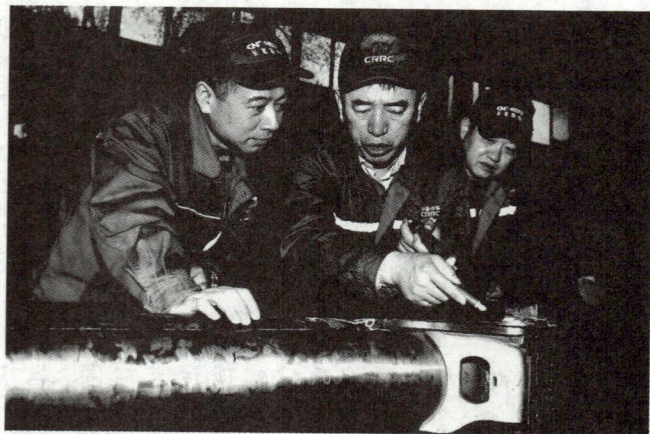

图3-5 正在实地讲学的李万君

"我记得2019年引进高速动车组技术时,我们的水平与国外有很大的差距,只有师傅一人能焊出来,人手严重不足。为了完成任务,他只用半年的时间,就将焊工全都培养了出来,400多名学员全部考取了国际焊工资格证书,这在整个培训史上也是一个奇迹……"李万君的徒弟谢元立回忆说。

李万君认为,单单把自己的工作做好是不够的,一枝独秀不是春,百花齐放春满园。

在带徒弟方面,师傅毫无保留,甚至还根据学员的体态胖瘦、走路姿势、运枪习惯等不同特点,制定不同的训练方案,亲身示范。

谢元立说,师傅带出的20多个嫡系徒弟如今全是技术骨干,其中10多人已成为吉林省首席技师。

2019年,他主持的公司焊工首席操作师工作室,被国家劳动部授予李万君大师工作室称号,5年来组织培训近160场,为公司培训焊工1万多人次,考取各种国际、国内焊工资质证书2000多项,满足了高速动车组、城铁车、出口车等20多种车型的生产需要。

李万君不仅承担为本单位培养后备技术工人的重任,还利用国家级技能大师工作室这一平台,为外单位的技术工人无私传承技艺,3次被长春市总工会聘为高技能人才传艺项目技能指导师。

截至目前,李万君已为吉林省、长春市以及省市工会对口援疆地区的兄弟企业培训高技能人才2000多人次。

表里如一,坚固耐压,鬼斧神工,在平凡中非凡,在尽头处超越,这是他的人生,也是他的杰作。

活动实践

活动1　身边的工匠进校园

【活动目标】

1.以访谈、报告、实操演示等多种形式与同学面对面交流,来诠释、传递工匠精神,引导同学们传承、弘扬工匠精神,激励学生树立职业信心、提升职业素养。

2.通过与"大国工匠"的互动交流,认真体会、深入思考和感悟工匠精神的深刻内涵,找到对自己的全新认识和定位,开启人生一扇新的大门。

【工具使用】

照相机、采访本、录音笔。

【参加人员】

全体同学。

【活动设计】

通过工匠大师(可以请本校本专业成功学长、学姐代替"工匠大师")与同学面对面的交流,分享求学、求艺经历,诠释工匠精神,解答同学们关心的问题,激励同学们刻苦求学、勤勉敬业。

(一)活动目的

为了让全校同学加深对"工匠精神"的认识,近距离感受本校本专业成功学长、学姐的经历,鼓励同学们学习先进榜样,促进全校范围内工匠精神的推广,促进社会主义核心价值体系建设,学校团委将推出"工匠人物专访"活动,邀请"行业工匠"进入学校,并组织同学对其进行采访。

(二)活动意义

此次活动主要采访本校本专业成功学长、学姐,学习他们身上的优秀品质。通过举办人物专访系列活动,组织学长、学姐与在校学生面对面交谈,分享求学、求艺经历,诠释工匠精神,旨在鼓励全校同学积极向上,坚持学习,找到榜样和动力,感受我们身边平凡的人所诠释的不平凡的精神,推动学校精神文明建设的科学发展。

(三)活动时间及地点

学校多媒体教室或者会议室。

(四)活动流程

1.活动前期准备

(1)查找有关被采访者的资料,整理收集相关信息。

（2）了解被采访者的兴趣爱好，使采访气氛融洽。

（3）准备采访所需设备（照相机、采访本、录音笔等）。

（4）提前三天和被采访者预约，征得对方同意后进行采访，并将本次采访的主题和采访提纲发给被采访者，同时将时间、地点、采访时长告知对方并达成共识。

（5）向学长、学姐发邀请函。

（6）申请一间大的多媒体教室或者会议室，准备两把椅子和两个话筒，做好活动的前期安排。制作宣传画板，在各教学楼区域进行宣传。

（7）确定采访主持人，并准备与采访相关的若干问题。

（8）安排相关人员负责活动过程中的拍摄，并负责视频的剪辑制作。

2. 具体活动流程

（1）主持人上场，介绍本期人物专访主题，邀请嘉宾上场。

（2）主持人和嘉宾就座，专访开始，主持人介绍嘉宾事迹。

（3）嘉宾分享求学、求艺经历，诠释工匠精神。

（4）主持人围绕着"工匠精神"这一主题，对学长、学姐进行提问。

3. 采访后期

（1）整理收集到的资料。

（2）整理访谈的问答记录。

4. 注意事项

（1）应围绕"工匠精神"这一主题设置基本问题，若准备前已经可靠得知，可略过，可即兴追问问题。

（2）须注意提问方式。对于问题提法应得当、有技巧、有取舍。

（3）本次采访活动依照该策划进行，如遇不可预知等特殊情况，可另行修改或随机应变。

（五）活动分享

小组讨论交流，整理访谈的问答记录，写成一篇新闻稿并在小组内进行分享。

【找一找】

通过本次专访实践活动,我的感悟是:_____

_____

_____

_____

【总结反思】

活动总结	
我的收获	
我的不足	
改进措施	

【评一评】

评价项目	评价主体		
	自我评价	小组评价	教师评价
主动参与			
分工明确			
团结协作			
态度认真			
专业素养			
应急能力			
活动成效			

注:评价等级为 A—优秀,B—良好,C—合格,D—不合格。

活动 2　工匠报告会

【活动目标】

1. 了解劳动精神、工匠精神和劳模精神。

2. 理解新时代楷模的精神。

3. 能够遵守职业素养,坚守底线。

【参加人员】

全体同学。

【活动准备】

1. 制订活动方案,确定邀请对象、活动场地和举办时间。

2. 联系学校信息服务中心,并就安全任务进行分工。

3. 电话或当面邀约本市行业工匠大师,发送邀请函,沟通报告会相关事宜。

4. 安排专人进行现场摄影和录像。

5. 通知学校宣传部门,撰写当天报告会新闻稿。

6. 准备手机或相机、笔和笔记本。

【活动过程】

1. 相关工作人员在约定的时间和地点迎接专家的到来。

2. 报告会时长约两个小时,工匠专家围绕"工匠精神"讲述自己的工作实践和奋斗历程,诠释"精益求精、持之以恒、爱岗敬业、守正创新"的工匠精神,教育同学们深刻理解工匠精神的内涵,树立正确的价值观、人生观和职业观。

3. 认真聆听专家讲解,做笔记,会后写一篇 500 字左右的心得体会。

4. 拍照留影,在小组中分享。

5. 会后专家和师生进行交流,约半小时,师生应畅所欲言。

6. 相关人员送别专家。

【活动安全】

1.提前检查礼堂或报告厅的安全设施、防火设施是否健全,安全通道是否畅通。

2.各班有秩序地进入指定地点,进场后教师迅速组织同学们找到位置坐下,且提醒同学们做到不拥挤、不奔跑、不打闹。

3.聆听报告会时要做个文明的观众,不随意走动,不大声喧哗。

【总结反思】

活动总结	
我的收获	
我的不足	
改进措施	

【评一评】

评价项目	评价主体		
	自我评价	小组评价	教师评价
主动参与			
分工明确			
团结协作			
态度认真			
应急能力			
活动成效			

注:评价等级为 A—优秀,B—良好,C—合格,D—不合格。

活动3 工匠实操演示

【活动目标】

1. 能够从事长期复杂单一的劳动。

2. 能够独立负责社会实践项目的实施。

【参加人员】

全体同学。

【活动准备】

1. 制订活动方案,确定邀请对象、活动场地和举办时间

2. 联系学校专业实训场地负责人,调试好实训设备。

3. 电话或当面邀约本市行业工匠大师,发送邀请函,沟通实操演示的相关事宜。

4. 安排专人进行现场拍照或录像。

5. 通知学校宣传部门,撰写当天活动新闻稿。

6. 准备手机或相机、笔和笔记本。

【活动过程】

1. 相关工作人员在约定的时间和地点迎接专家的到来。

2. 工匠技能展示。请工匠大师走进实训场地,现场教学展示精湛技艺,同学们向工匠大师学习技能,激发同学们对职业的兴趣,树立职业理想,现场体会工匠精神。

3. 认真观看专家实训演练,拍照或录像,在小组中分享。

4. 演示结束后,专家和师生进行交流,同学们可以向专家提问题。

5. 相关人员送别专家。

【活动安全】

1. 提前检查实训场地的安全设施、防火设施是否健全,安全通道是否畅通。

2. 各专业同学们有秩序地进入指定地点,教师迅速组织同学找到位置观

看演示过程。

    3.要做个文明的观众,保持安静,不随意走动,不大声喧哗。

【总结反思】

活动总结	
我的收获	
我的不足	
改进措施	

【评一评】

评价项目	评价主体		
	自我评价	小组评价	教师评价
实训纪律			
着装规范			
团结协作			
知识运用			
技能水平			
专业素养			
实训总结			

注:评价等级为 A—优秀,B—良好,C—合格,D—不合格。

探讨与思考

一、选择题

1.新时代的"工匠精神"的基本内涵,主要包括(　　)。

A.爱岗敬业的职业精神、精益求精的品质精神

B.协作共进的团队精神

C.追求卓越的创新精神

2.劳动精神、工匠精神、劳模精神的关系（　　　）。

A.部分和整体的关系

B.外力和内力的关系

C.共性和个性的关系

3.新时代楷模应该具备（　　　）素养。

A.忠诚责任、爱岗敬业、学习创新

B.感恩励志、团结执行

C.奉献成长、艰苦奋斗、勤俭节约

二、填空题

1.劳动精神是每一位劳动者为创造美好生活而在劳动过程中秉持的

＿＿＿＿＿＿＿＿、＿＿＿＿＿＿＿＿以及＿＿＿＿＿＿＿＿＿＿＿＿＿＿＿。

2.劳模精神是＿＿＿＿＿＿＿＿、是＿＿＿＿＿＿＿＿、是＿＿＿＿＿＿＿＿、

是＿＿＿＿＿＿＿＿、是＿＿＿＿＿＿＿＿、是＿＿＿＿＿＿＿＿、是＿＿＿＿＿＿＿＿、

是＿＿＿＿＿＿＿＿、是＿＿＿＿＿＿＿＿、是＿＿＿＿＿＿＿＿。

三、简答题

1.怎样认识劳动精神、工匠精神与劳模精神？

2.如何成为新时代的楷模？

第二部分　劳动教育的核心要义

第三部分
社会实践的方法路径

第四章　专业实习实训与技能大赛

知识目标

1. 了解专业实习实训的意义
2. 理解参加技能大赛的收获

能力目标

1. 能够保障实习实训过程中的安全
2. 能够通过技能大赛练就灵活的应变能力

思政目标

1. 知识和技能型人才的培养
2. 专业技能的荣誉感与认同感

课堂导入

"企业里面防护措施做得很好,吃住都有保障,工作环境好,还能学到很多书本上学不到的知识和技能。学校也安排了老师进驻企业,给我们鼓励和关怀。"温州市瓯海职业集团学校 2017 级物流专业的学生刘涛,现在已是森马集团物流中心的熟练工人,助力森马集团复工复产。

据悉,刘涛和同学们已经在森马顶岗实习大半年,于寒假回家。2020 年 2 月 24 日,他看到森马集团复工复产缺人手的消息,便主动请缨回来复工。刘涛说:"我在文成老家,没有交通工具,公司就派了车到文成,专程把我接回瓯海上班。"

"受疫情影响,部分外省市员工一时无法返岗,但我们需要大量人手去物流中心帮助协调。"森马集团物流中心行政主管魏婷表示,企业需要充足的员工来提高产能,"我们想到了长期合作伙伴——温州市瓯海职业集团学校,请求学校动员放假在家的学生前来援助。"2 月 25 日以来,该校已有 141 名学生陆续到岗。

魏婷表示:"这些学生有的是物流专业,有的在企业实习过,来了就能上岗。141 名实习生就达到了 80 名正式工人左右的产能,特殊时期帮我们解决了很大的难题。"

第一节 专业实习实训

一、专业实习实训的认知

(一)专业实习的概念

实习就是在实践中学习,在经过一段时间的学习之后,或者说当学习告一段落的时候,大学生需要了解自己的所学需要或应当如何应用在实践中。因为任何知识源于实践,归于实践,所以要付诸实践来检验所学。实习一般包括大学里的学生的金工实习和公司里安排员工实习。

实习的作用有验证大学生的职业抉择,了解目标工作内容,学习工作及企业标准,找到自身职业的差距。

(二)专业实习攻略

1.实习选择

(1)结合未来职业选择,要实习的公司和岗位是和你的职业理想直接相关的,这个岗位的实习和这个公司的进入可以给你日后的职业发展加分。

(2)结合个人状况,上一条是结合未来,这一条是结合当下,在明确自己当下最需要补充的知识、技能时去选择针对性的实习机会(见图4-1)。

图4-1　学生在进行数控车削加工实训

(3)结合外在机遇,在有些时候你所最欠缺的不一定得到及时的补充,因为没有合适的机会,所以要结合有利于自己职业发展的外在机遇,及时抓住机会去为未来做准备,虽然可能不是马上见效,但只要是着眼于长远的准备都是有用的。

(4)衡量能力与赚取收入的权重,有些时候赚取收入是自身的第一需要,有些时候积攒能力是第一需要。但一般来说能锻炼大能力的工作都能有较丰厚回报,当然这个就要结合个人的具体情况。

2. 实习建议

（1）选择大公司。

实习的公司最好是大公司，业务要好，你实习的可能是该公司的某一个工厂或部门，但它在中国还有其他工厂和部门，实习期间你的表现好，这个工厂或部门也许没有就业机会，但其他的工厂也许会有机会。互联网实习尤其重要，在实习期间你可以认识许多业界大牛；你还可以了解业界真实的运作情况。

（2）选好项目。

选你能在实习期间出成果的项目。如果你选了个很大的项目，半年还没做完，这就说不清楚是你没做好，还是项目本身的问题了（见图 4 - 2）。

图 4 - 2　江苏技术师范学院的学生们在中德诺浩汽车实训基地实习

（3）了解企业。

实习的时候要更深入的了解企业的实际情况和问题，结合理论和实际，要给企业解决实际问题，有一个具体的成果，让企业真正感觉到你的项目做好了。

（4）做好总结

你要有总结，最好是能发表文章，自己给自己做推广、营销。

3. 实习鉴定

实习鉴定是指由学生在上学期间参加实习的单位所开具的证明文件,需加盖单位公章,可作为今后求职时用人单位的参考。实习鉴定应包括实习单位、实习时间、实习职位等等内容。

学生实习期间应该认真,勤奋好学,踏实肯干,在工作中遇到不懂的地方,要虚心向富有经验的前辈请教,善于思考,能够举一反三。对于别人提出的工作建议,应该虚心听取。在时间紧迫的情况下,加时加班完成任务。能够将在学校所学的知识灵活应用到具体的工作中去,保质保量完成工作任务。同时,学生也应严格遵守实习公司的各项规章制度,实习期间,不出现无故缺勤、迟到早退现象,并能与实习公司员工和睦相处。

4. 实习被拒理由

实习是从学生转变为职场人的一个重要阶段。实习期间的表现也将决定你是否能留在公司继续工作。然而,理想是美好的,现实却是残酷的。前程无忧人力资源调研中心曾对部分企业的 HR 进行过调查,得到的反馈结果有些出乎意料。255 家参与调查的企业中只有 93 家企业的实习生转正率在 20% 以上。

那么,究竟是什么原因导致了实习生无法转正?

(1)没能通过实习单位的考核。

和试用期一样,企业也有对实习期的考核标准。只有顺利通过实习期的考核,企业才会考虑留用实习生并与之签订正式的劳动合同。所以首先,实习生必须了解实习期内需要考核的内容。千万不要以为实习就是打杂,从而消极地对待实习工作,这会让你很快失去转正机会。

(2)没能和领导或同事搞好关系。

人际关系往往是那些刚踏入社会的大学生所无法掌控的。怎样和同事、老板相处是一门学问,需要长时间的经验积累和揣摩。新人刚进公司的时候常常表现得比较内敛,但时间一长,也许就暴露了本性。尤其是一些女孩子天生喜欢八卦,在和同事混熟以后,八卦起来就没轻没重,这样就很容易得罪一些你"惹不起"的同事,从而导致你的实习生涯就此结束。

同事是工作伙伴,不可能要求他们像父母兄弟姐妹一样包容和体谅你。很多时候,同事之间最好保持一种平等、礼貌的伙伴关系。你应该知道,在办公室里有些话不该说,有些事情不该让别人知道……

(3)没有获得相关证书。

一些企业与你签订劳动合同之前,需要你向他们提供大学毕业证书、学位证书、英语四六级证书以及一系列的职业等级证书等。这些硬性要求往往会成为实习生被留用的绊脚石,所以,千万不要因为实习的繁忙工作而荒废了学业,这样只会得不偿失。

(4)其他理由。

到处找借口或没有责任感。

(三)专业实习的意义

1. 个人作用

实习的作用有验证自己的职业抉择,了解目标工作内容,学习工作及企业标准,找到自身职业的差距。

(1)验证自己的职业抉择。当大学生在了解自我的基础上确定未来的职业理想时,需要以身试水,需要在真刀真枪的实际工作中检验自己是否真正喜欢这个职业,自己是否愿意做这样的工作。举例来说,如果你想做个文案的工作,但是当你在广告公司工作之后你发现自己不是很喜欢那种文字工作,那你就要反思自己的职业抉择了,这样就可以及时的纠正和反馈自己的职业发展轨迹。

(2)了解目标工作内容。在确定自己适合文案工作后,那你就要明确文案的所有工作内容,文案的一天都要怎么度过,文案的核心工作是什么?文案的边缘工作是什么?文案要与那些部门打交道,文案的核心能力是什么?在了解工作内容后就要尝试着操作,争取在实践中把文案的工作都做了,也在操作中明确自己的优劣势。

(3)学习工作及企业标准。知道了文案工作都要做什么后,你就要了解企业及业内对每个工作内容所要求的流程和标准,这时你要以业内及企业的最高标准来要求自己,用这种高标准来要求自己时无疑就是向业内人物发展。

(4)找到自身职业的差距。实习不单是为了落实工作,更包括要明确自己与岗位的差距以及自己与职业理想的差距,并在实习结束时制定详细可行的补短计划。当你从明确差距弥补不足的高度来看实习时,你会实习中得到更多。

2. 企业作用

实习对企业的作用主要有:实习提供了观察一位潜在的长期员工工作情况的方法;为企业未来发展培养骨干技术力量与领导人;有利于与廉价劳动力争夺人才;刚毕业的学员便于管理,这样不仅能降低成本,还能提高企业的知名度,有利于企业长远发展。

二、在专业实习实训中养成良好劳动素养

陶行知说过:"惟独贯彻在劳力上劳心的教育,才能造就在劳力上劳心的人类;也惟独在劳力上劳心的人类,才能征服自然势力,创造大同社会。"要让学生热爱劳动,就必须培养学生的劳动意识,没有劳动教育的教育是残缺的教育。

劳动是大学生成长发展的需要,也是21世纪人才培养的要求。良好的劳动习惯对于大学生性格的塑造、责任感的培养、品质的磨炼都是有意义的。而在针对大学生劳动习惯的调查中,我们通过对受访大学生寒暑假平均每天做家务劳动时长来看,27.1%的受访大学生做家务时间都在半小时以内,有的甚至完全不做家务。有15.6%的受访大学生认同"家务活是家长的事,不需要孩子插手"。对于大学生在校期间对脏衣服的处理问题上,有71.4%的受访大学生采用洗衣机或者送到专业洗衣店洗,还有7%的受访大学生选择攒一起带回家洗、寄回家洗或者请别人帮忙洗,甚至存在一些大学生从来不洗的情况。而家乡在一线城市的大学生攒一起带回家洗、寄回家洗、请别人帮忙洗和到专业洗衣店洗的比例高于一线以下城市。

家庭是孩子人生的第一所学校,父母是孩子的第一任老师。现代家庭多为独生子女家庭,这些学生从小就在宠爱甚至溺爱的环境中成长起来。一方面,家长们担心孩子会感到劳累或受到伤害,因此主动承担了一切可能的家务劳动,让孩子失去了很多学习锻炼的机会,导致很多学生养成了"衣来伸手,饭来张口"的习惯,养成了懒惰自私、怕苦怕累,对他人依赖,独立自理能力严重不足,在学校里班级卫生、宿舍卫生从来不愿意主动参与,甚至连自己的衣服都要攒着带回家洗或者请别人洗,劳动习惯严重缺失。这种对孩子的溺爱导致了劳动教育在家庭教育中的缺位,使得劳动最美丽、劳动最光荣的价值观念彻底被弱化,学生丧失了辛勤劳动、自力更生的品质。久而久之,家长不关注劳动习惯的培养,也不给孩子劳动的机会,学生本身对此也缺乏关注,因此劳动意识缺乏,也就出现了一些大学生不会劳动、不爱劳动的现象。另一方面,一些家长把孩子的主业定义为读书学习,只关注孩子的学习成绩和名次,家庭事务方面不让孩子参与,目的就是让孩子能够"一心只读圣贤书",以考高分为目标。进入大学校园之后,孩子与家长被迫分离开。在大学以前,很多大学生都没有做过最常见的家务劳动,离开父母的照顾与家庭的保护,生活不能自理成为一些大学生面临的问题,出现了衣不会洗、地不会扫的尴尬情况,甚至有的学生懒惰成性,宁愿在宿舍里睡懒觉也不愿意做清洁,寝室中乱七八糟、擦黑板、拖地之类的事情更觉得与自己无关。在这种环境下,大学生劳动习惯的缺失显得尤为明显。

事实已经证明,一个家庭、一个学校为学生提供劳动的机会少而又少,且都是在非群体状态下、无组织地进行的劳动,一缺少诱发学生劳动积极性的氛围,二缺少鼓励劳动竞争对劳动产生兴趣的合适场所,这两点对培养学生的劳动意识非常重要。专业的实习实训不失为一个培养学生劳动意识、增强劳动观念的好机会。

(1)在实习实训中诱发学生的劳动积极性,容易营造和谐的劳动氛围。

(2)明确劳动任务,必须完成任务。带着目标任务从事某项工作,从事者的态度及效能往往是与无目标状态下的表现是不同的。

（3）教师参与，榜样力量无穷。组织者参与其中发挥表率作用。

（4）及时给予评价，唤醒竞争意识。评价具有激励功能，它能够让被评价者客观正确地认识自己，在了解自己的优势和不足的基础上，从正反两个方面受到鼓励和鞭策，以增强自身发展的积极性和主动性。评价既能够让被评价者产生内驱力，也能够让被评价者产生外发性动机，并使其成为压力或动力，以此激励组织或个人更好地去努力实现目标。

总之，学校的教育应引导学生把精力用于进行热情的高尚活动和劳动之中去，以不同形式的能吸引学生实施劳动。把学生引领到趣味性、知识性、技巧性、实用性的高尚而又文明的环境中去。

榜样故事

盖立亚：冲击世界一流的女专家

她参加工作 20 年，一直深耕在数控（智能）机床研发及制造第一线，主持和参与了 4 项数控机床国家重大专项项目，取得主导实用新型专利 22 项、发明专利 3 项，成为"代表中国一流、冲击世界一流"的业界重要领军者……

她就是沈阳机床集团优尼斯智能装备有限公司 i5T5 产品线经理盖立亚（见图 4 - 3）。她是一名高级工程师，并先后被评为沈阳市特等劳动模范、辽宁省劳动模范等。

图 4 - 3　盖立亚

德国舍弗勒集团是世界顶级品牌。该集团在进入中国市场时抛出一个订单——定制加工直径为 1 米的轴承所用的机床。这种机床要求在保证双刀架、双主轴的同时，必须一次性完成，这既要精度又要效率。因此，国内外机床制造商一时间竟无"人"接招。就在此时，沈阳机床集团迎难而上，果断拿下订单，于是，双轴数控车床的攻关任务就落在了盖立亚带领的团队肩上。

当时，盖立亚正处于怀孕早期，伴有严重的妊娠反应。但她仍频繁出现在生产现场：收集数据，和技术人员一起自制毛坯料进行模拟试验，对切削结果仔细对比，反复修改技术方案，等等。在距离预产期仅有 4 天时，盖立亚还在不停地改写着机床装配过程中的注意事项，并到车间查看机床装配情况。

"我不但生了一个孩子，还'生'了一台机床。"任务完成后，盖立亚幽默地说。

机床完成后，德国舍弗勒集团对其进行了精细的检测，发现该机床的加工精度达到了世界领先水平——0.5μm（微米，相当于头发丝的百分之一）。更让人叹服的是，新的数控机床实现了以车代磨加工精密大型轴承，这大大提高了机床的加工效率。

此后，外方公司前后追加了近百台数控机床，还授予沈阳机床集团"舍弗勒集团十大优秀供应商"殊荣，并将其纳入全球采购平台。沈阳机床集团由此打开了面向国际轴承行业的高端市场。

第二节　技能大赛

一、参加专业技能大赛是提升大学生实践的途径

近年来，面向大学生的科技竞赛与专业技能竞赛蓬勃发展，竞赛的种类繁多，竞赛的规模不一，竞赛的内容丰富多彩。各个政府部门或行业领域以及相关单位花费大量的财力、物力和不辞辛劳地主办、承办或协办

社会实践

各种赛事,目的就是给广大师生搭建一个施展身手、锻炼自我、展现自我的"实战"平台,所以受到了高校师生的广泛参与和好评。各大高校都不遗余力地组织学生参加各类竞赛,甚至对获奖的学生和指导老师有相应的奖励政策,鼓励师生参加竞赛。对学生来讲,既可以争得荣誉,又可以借此机会提高自身的能力、获得自信甚至对就业有帮助;对学校而言,不仅能获得荣誉和宣传自己,更重要的是能探索出对大学生实践及创新能力培养与提高的另一条途径。任何一项大学生竞赛活动举办的宗旨都是:促使学生把基础理论知识掌握扎实,并将理论和实践巧妙结合起来,发挥促进作用和产生理想效果。

为了贯彻教育部重视加强学生的实验教学,重视提高学生的实践能力和创新能力的指示精神,提高材料学科大学生的材料分析能力和金相制样水平,中国体视学学会金相与显微分析分会分别在 2013 年和 2014 年连续两届成功主办了"蔡司金相学会杯"全国高校大学生金相比赛。图 4-4 为第五届全国大学生金相技能大赛现场。

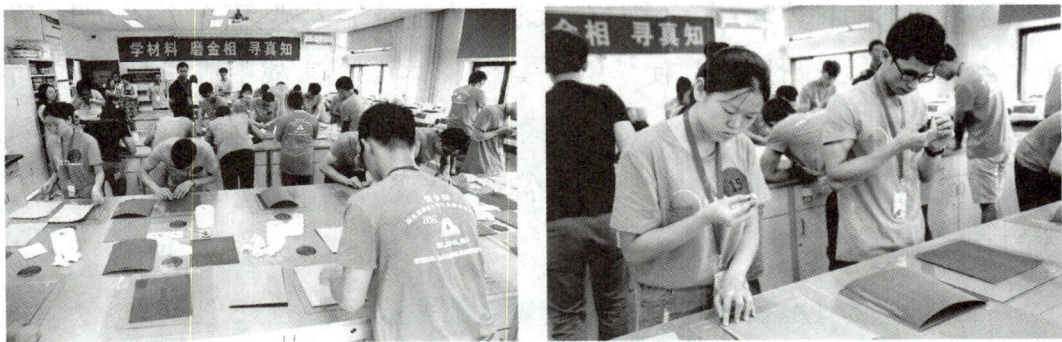

图 4-4　第五届全国大学生金相技能大赛

(一)加快高校人才培养观念转变的步伐

人才培养是指对人才进行教育、培训的过程;观念是人们行动的先导,人才培养观念是对人才培养的各种理念的归纳。人才培养观念直接影响着整个社会发展的进程。良好的人才培养观念,有利于促进社会经济、科技、文化的发展;同时人才培养观念也是深化教育体制改革的基础。人才培养在高校工作中处于中心地位,当今社会,高校人才培养观念也要随着时代的发展进行转变,即由传统向新型转变。由于受传统教育理念和模式的影响,我国高等教育中一直普遍存在着重理论轻实践、重知识轻能力、重继承轻创新的教育现象,满足不了现代经济社会发展的需要。

在当今世界,科学技术正日益成为经济发展的决定性力量,科技创新能力成为社会竞争的主导因素。我国科技创新能力与发达国家相比有很大差距,自主创新能力薄弱已经成为制约我国持续快速健康发展的重要因素。

按照《国家中长期教育改革和发展规划纲要(2010—2020)》的精神,要树立新型人才培养观念——全面发展、人人成才、多样化人才、终生学习和系统培养等五个教育观念。在此精神的指导下,各个高校人才培养观念均发生了转变,但是观念转变的情况良莠不齐,有的认真学习、深刻领悟,将新型人才培养观念逐渐运用到日常教学中;有的虽然落实到实处,但是程度还不够;有的甚至仅仅还停留在思想意识上。

大学生专业技能大赛广泛开展的今天,只要学校参加大赛,就是人才培养观念转变的一种体现,多种多样的大学生专业技能大赛,面向全体学生,尊重个人选择,鼓励个性发展,使学生在实践中学习,在实战中成长,培养全面发展的高素质人才。大学生专业技能大赛活动,是新型人才培养观念和培养体制的产物,反过来加快高校人才培养观念转变的步伐,成为培养创新型人才的有效途径。

(二)促进专业建设和教学改革,提高教师专业水平

由于各项专业技能竞赛内容往往一定程度上代表了专业发展趋势、行业现状及走向和人才需求等信息,这就使得学校的专业建设有所参考和借鉴,有利于专业建设。教师可以通过参加竞赛发现社会需要什么,学生需要什么,在教学中注入最前沿的科学技术知识和信息,从而使得整个课程设计更加科学,在相关知识点的安排上将更加合理,教学重难点分析及教学方法选择也必将有相应的调整,有效促进教学改革。

另外,教师在指导学生时经常要面对和解决学生提出的各类新问题,这就迫使教师必须不断加强专业知识学习,努力提高专业水平和教学技能以适

应教学需求。同时,参加竞赛对于教师也是一次宝贵的学习与交流的机会,教师可以通过参赛和许多专家、学者、同行进行交流探讨,吸收各种新知识、新观点。参赛教师把竞赛中出现的新方法、新技术、新仪器等经过研究、整理,渗透到今后的课堂教学中,不断更新和扩充教学内容。在平时教学过程中,渗透比赛的过程和内容,把竞赛活动视为生动的教学事例,激发学生实践和创新兴趣,这样同学上实验课就有着饱满的热情。例如,参加"蔡司·金相学会杯"全国高校大学生金相比赛后,在上金相试样制备实验课时,同学反复制样,直到自己满意为止;综合性实验课鼓励学生勇于设计新工艺,采用新方法,敢于大胆创新。达到良好的教学效果。

参加专业技能大赛有力地促进了学院的专业建设和教学改革,提高了教师的专业水平,也培养了教师的创新精神,为进一步培养与提高学生的实践与创新能力创造了条件,可谓教学相长也,两者相辅相成,相互促进,形成良性循环。

(三)培养和提高学生的实践与创新能力

在材料应用型人才培养中,我们一直强调培养学生的实践与创新能力,如今培养模式与方法多种多样,层出不穷,而组织学生参加各类大赛是其中成效十分显著的一种。总结两年的参赛经验,组织大学生参加专业技能大赛极大地培养和提高学生的实践与创新能力。因为在整个比赛过程中,学生是参加比赛的主角,是最大的受益者。学生在大赛中所获得的远不止荣誉证书和奖杯,也不止在后续学习和生活中表现出的更强的学习能力、实践动手能力和勇于挑战问题的积极性,参赛的经历更能提高他们日后面对新问题、新情景时的应变能力及其适应社会的能力,具备积极、乐观和向上的精神,这些恰恰是我们一直在追求的培养创新应用型人才所具备的素质。

二、提高学生参加技能比赛的综合素质

为了更好地促进职业技术教育的发展,提高职业教育院校学生的技能水平,全国及各省、市职业教育主管部门都会定期举办相应层次的学生技能比

赛。为了开阔眼界,增加见识,提高教学水平,同行之间更好地学习交流教学经验,取长补短,职业院校都会非常重视参加技能比赛,并安排精干师资力量对参赛学生进行集中指导和训练。那么,技能比赛的指导教师应该怎样培养参赛学生的综合素质,使他们在比赛中正常或超常发挥、取得较好的成绩呢?

(一)良好的心理素质

良好的心理素质对参赛学生来讲非常重要。由于心理素质的原因造成发挥失常,严重影响比赛成绩的现象时有出现。一是由于比赛地点在外地,不熟悉赛场环境和比赛设备造成情绪紧张,心理压力增大,致使会做的比赛项目没有完成或发生失误。二是没有见过"大场面",看到认真严谨、表情严肃的评委心生畏惧,面对层层验证赛手身份的程序、身边众多的竞争选手产生紧张情绪,心情烦躁。三是比赛过程中,看到其他选手提前完成比赛任务交卷离场产生巨大心理压力,使自己变得急躁,因急于完成比赛任务而"手忙脚乱",产生失误或操作错误影响成绩。怎样解决这些问题呢?一是在参加比赛前,认真按照比赛文件要求准备相关教材及复习资料,严格按照要求熟悉参赛设备的类型、型号、性能,熟悉设备的使用方法;二是对于外地的赛场,必须保证充分的时间让学生提前了解、熟悉赛场的路线、位置、抽取工位的程序以及相关考试要求,做到心中有数。三是正式比赛前,多组织几次仿真比赛,使学生在正式比赛时消除"陌生感"。最后,提醒学生对于提前完成无加分的项目不要着急交卷。对于提前完成有加分的项目也要首先保证完成质量,没有差错。如果提前交卷,但有错误而丢分,则得不偿失。指导教师还应时刻关注选手的心态、情绪,必要时需谈心、引导,进行心理疏导及鼓励鞭策。

(二)扎实的专业素质

要取得理想的比赛成绩,比赛选手必须具备扎实的专业素质。这需要平时知识的积累和认真刻苦的训练作为基础。但是参加技能大赛,想在强手如林的赛场中脱颖而出,还需要掌握本专业更深层次的专业知识和技能。在这方面,指导教师的作用就非常重要了。不仅需要按照大赛技术文件要求制订科学、合理的训练计划,还要根据选手的实际情况,实时调整进度及内容,争取达到最佳训练效果。在训练过程中,老师要"恩威并施",训练中要严要求,严管理;告诉学生要能吃苦、肯吃苦,为学习技能下功夫,勤动脑、勤动手,不惜"掉"下几斤肉。在训练之外,又要对他们嘘寒问暖,把他们当朋友,通过交流、沟通掌握他们的精神动态、所思所想。及时发现问题,解决问题。对掌握快、悟性强的选手既要表扬,又要提醒他们戒骄戒躁;对于暂时落后的选手既要进行必要的引导,让他们放下思想包袱,又要找出切实可行的训练办法,使他们尽快迎头赶上,共同提高。

(三)过硬的身体素质

比赛训练过程是漫长和艰苦的。这就需要选手们有过硬的身体素质。训练中表现出色、成绩良好的学生,被老师和同学寄予厚望,可就因为马上就要比赛了,却突然感冒了、发烧了,影响了成绩,有的甚至不得不退出比赛,留下深深的遗憾和惋惜。所以,在训练过程中,既要劳逸结合,又要有适当的体育锻炼。不能把弦绷得太紧,选手太疲劳,精神状态欠佳,会影响他们的正常发挥。也要对他们的饮食留心:尽力做到营养丰富、饭菜可口,荤素搭配得当。在临近比赛时,尤其注意饮食卫生。避免发生不必要的胃、肠道疾病。影响比赛。

(四)灵活的应变能力

虽然在指导教师和选手的共同努力下,对迎战大赛做了充分的准备。然而真正比赛过程中,仍会有很多意想不到的情况发生,这就看选手们随机应变的能力了。在选手选拔和训练过程中,指导教师确实需要考虑到这种因素。不仅注重把那些悟性强的学生选拔出来,还要在训练过程中,注重这方面能力的培养。有针对性地安排一些与此相关的训练课题,培养学生们的应变能力。

总之,打好比赛有方方面面的问题需要注意。只要指导教师和选手有坚定的信心,顽强拼搏,刻苦训练,一定会取得理想的成绩。图4-5为第53届世界技能大赛制造团队挑战赛金牌获得者玉海龙团队。

图4-5　第53届世界技能大赛制造团队挑战赛金牌获得者玉海龙团队

📖 榜样故事

"世界第一剪"是这样练成的

2015年8月17日,在巴西圣保罗,重庆五一高级技工学校学生聂凤身披五星红旗登上领奖台时,脸上绽放出格外开心的笑容——她代表中国参加第43届世界技能大赛,勇夺美发项目金牌!

22岁的聂凤是土生土长的重庆人,作为独生女,从小被父母宠爱有加的她,和众多孩子一样贪玩。一个偶然的机会,她接触到美发行业,并发自内心地喜欢上了它。

初中毕业后,她不顾父母的反对,放弃念高中的机会,开始在理发店学手艺。

可是,家里人并不支持她的选择,固执的她决定不要家里一分钱,靠自己挣钱养活自己。"那时,我还没有挣到钱,可是气温逐渐降低,我没有太多的衣服穿,为了保暖,就把各种T恤都穿在身上,外面再套个外套。"在那段学艺的日子里,聂凤吃了很多苦头,"其实,我吃不惯馒头,可是馒头最便宜,我不得不每天啃馒头来充饥。"

经过三个月的学习,店主让她尝试着独当一面,帮顾客理发。当她拿起剪子的时候,她的手不由自主地发抖——因为她生怕顾客不满意。

高度紧张的她总是害怕出一点点差错,导致理发时间过长,顾客很生气。初入职场的她忍不住大哭了一场。但聂凤是个不会轻易认输的女孩,越是困难,她越想做好。

一年后,她重拾课本,走进了重庆五一高级技工学校,跟着何先泽老师学习美发技术。

重庆著名美发师何先泽是一个颇富传奇色彩的人物,他是全国第一个在美容美发行业中获得国务院特殊津贴的人,在业界有着"发痴"的名号。

何先泽是重庆五一高级技工学校的高级技师、副教授。有了何先泽老师的悉心指导,加上聂凤聪慧机灵、悟性高,她的美发技术逐渐提高。

"那是一段格外充实的时光,早上四五点起床看资料,琢磨发型。整个人处于一种亢奋的状态,不觉得累",聂凤回忆说。

2013年,聂凤参加了第42届世界技能大赛的全国选拔赛,名列第三,未能代表中国队出征。

在很多人看来,这个成绩已经非常优秀了,可是聂凤并不满足。她暗下决心,一定要努力站上国际大赛的舞台。

接下来的三年,聂凤每天都要进行体能训练和日常训练,以应对世界技能大赛的高强度赛程安排。

2015年8月,经过国内选拔,聂凤以绝对优势胜出,代表中国出征在巴西圣保罗举办的第43届世界技能大赛。

此次比赛共设8个发型项目,比赛时间为20小时,分4天完成,所有的内容必须在台上完成。

在8个发型项目中,有2个是规定项目,有5个是自选项目,还有1个由抽签决定,这对选手的基本功和想象力是极大的考验。

比赛时,女士基础发型项目耗时最长,聂凤在台上站了4小时15分钟,发挥出了自己的最高水准,这也是她夺得金牌的关键(见图4-6)。

比赛项目分为两个阶段,第一个阶段是为头模做日常发型,裁判为这个

图 4-6　2015 年世界技能大赛聂凤获得美发项目金牌

发型评分后,进入第二个阶段。在这个阶段,选手将被禁用剪刀,以原发型为基础,造型出夸张的时尚发型——两个阶段都很重要,如果第一个阶段剪得不到位,就不可能做出完美的时尚造型。

　　赛场上,面对各国顶尖高手,聂凤并不怯场,"并没有太多关注对手的表现,只想投入地做好自己"。

　　最终,聂凤以一头短碎发做成的时尚造型赢得了裁判的青睐,超越了美发强国法国、韩国的选手,成为这个项目的"世界第一剪"。

　　"获奖后,美发对于我来说有更多意义,身上也多了份责任和荣誉,我将把美发当作一生的事业来对待。"这个快言快语的重庆姑娘说,自己已经和重庆五一高级技工学校签约,毕业后将留校工作,培养下一届技能大赛选手。

★ 活动实践

活动 1　专业技能专项训练

【活动目标】

1. 了解专业技能对应的岗位应用。

2. 知道专业技能的操作规程和产品标准。

3. 能熟练运用专业技能。

4. 体验生产过程中匠心独运、精益求精的快乐。

【参加人员】

全体学生。

【活动准备】

1.准备技能训练任务单或项目方案。

2.准备场地。

3.准备工具。

4.其他准备。

【基本技能】

1.具备基本的工作能力。

2.能够熟练的使用工作中需要的技能。（如文秘工作能够熟练掌握办公软件）

3.具备良好的语言表达能力和沟通组织协调能力。

【活动过程】

按照实际专业训练项目过程填写。

【活动安全】

1.注意训练场所安全。

2.注意工具或设施设备操作规程安全。

【活动成果】

过程记录	
活动要点	
活动地点	
活动难点及解决方案	
活动心得	

【找一找】

通过专业技能专项训练的实践,我发现还存在以下问题:＿＿＿＿＿＿＿＿

＿＿＿＿＿＿＿＿＿＿＿＿＿＿＿＿＿＿＿＿＿＿＿＿＿＿＿＿＿＿＿＿

＿＿＿＿＿＿＿＿＿＿＿＿＿＿＿＿＿＿＿＿＿＿＿＿＿＿＿＿＿＿＿＿

＿＿＿＿＿＿＿＿＿＿＿＿＿＿＿＿＿＿＿＿＿＿＿＿＿＿＿＿＿＿＿＿

【总结反思】

活动总结	
我的收获	
我的不足	
改进措施	

【评一评】

评价项目	评价主体		
	自我评价	小组评价	教师评价
实训纪律			
着装规范			
团结协作			
知识运用			
技能水平			
专业素养			
实训总结			

注:评价等级为 A—优秀,B—良好,C—合格,D—不合格。

活动 2   专业综合实训

【活动目标】

1.通过专业"核心岗位"虚拟上岗的实训学习,能基本熟悉岗位工作流程和操作规程,能在规定时间完成基本工作任务。

2.在活动参与中,进一步增强"工匠精神"的思想意识、行为规范、思维方式。

3.通过1~2周"代入职业人"的综合实训,培养踏实负责、细致认真的职业态度,规范化、程序化、标准化的服务意识,勇于探索、科学求知的学习精神,从而提升同学们的整体职业素质,使之符合本专业对应的主要行业的基本要求及岗位要求。

【参加人员】

全体学生。

【基本技能】

以护理专业为例:

1.独立完成大纲规定的护理技能操作。

2.能对实训技能进行概括性表述。

3.能熟练掌握基本操作技能,具有观察、分析、解决问题的能力。

4.能对临床上案例进行分析与讨论。

5.通过角色扮演、各种场景设计,掌握对常见健康问题的评估和初步制定护理措施。

6.有互相帮助、互相学习的团队协作精神。

7.具备勤于思考、刻苦钻研、勇于探索的良好作风。

8.能在各种实际操作中,体现护士应用的素质,具有良好的礼仪、仪表、语言、应变能力、口头表达能力等,注重人文关怀。

【活动准备】

1.准备综合实训方案。

2. 准备场地、工具。

3. 准备人员和时间安排表。

4. 准备应急预案等。

【活动成果】

过程记录	
活动要点	
活动地点	
活动难点及解决方案	
活动心得	

【找一找】

通过专业综合训练的实践,我感觉自己离"职业人"标准尚有差距,主要存在以下问题:_____

_____

_____

【总结反思】

活动总结	
我的收获	
我的不足	
改进措施	

【评一评】

评价项目	评价主体		
	自我评价	小组评价	教师评价
实训纪律			
着装规范			
团结协作			
知识运用			
技能水平			
专业素养			
实训总结			

注:评价等级为 A—优秀,B—良好,C—合格,D—不合格。

活动3　参与专业技术技能作品展（参与职业教育活动周）

【活动宗旨】

1.通过参与活动,切身体验本地区(或本校)职业教育取得的丰硕成果和经验,感受"准技能工匠"的自豪感。

2.通过参与宣传,为"进一步营造全社会关心支持职业教育发展的良好氛围"出一份力,让同学们有一定的成就感。

3.在体验"劳动光荣、技能宝贵、创造伟大"的时代风尚中,激发同学们热爱专业、立志成为工匠大师的信心。

【活动背景】

"全国职业教育活动周"于每年5月第二周举行。

自2015年国务院批复将每年5月第二周设为"职业教育活动周"以来,在有关部门的大力支持下,活动周迄今已经连续举办了多届。每届活动周的主题均随时代发展有所变化,如首届职业教育活动周的主题为"支撑中国制造,成就出彩人生",本届职业教育活动周和技能大赛的主题为"技能:让生活更美好",重点突出"技能成就出彩人生""技能服务美好生活""技能支撑强国战略"等内容。活动周期间各类活动将超 4 万场次,吸引约 1 500 万人次参与。

中国教育部副部长孙尧在开幕式的讲话中强调,要办好活动周,面向老百姓,营造职业教育改革发展的良好环境;办好技能大赛,对接产业前沿,推广"岗课赛证"融合,提升职业教育影响力;加强职教高地建设,引领全国职业教育改革发展。鼓励参赛选手树立"行行出状元"的自信,发扬精益求精的工匠精神,为将来成长、成才打下坚实基础。

【活动参与】

每位同学根据本校本专业开展或参与"职业教育活动周"的情况,选择适合本人的活动项目参与,活动过程要如实记录。

【活动分享】

小组讨论交流参与"职业教育活动周"的心得。

【填一填】

通过参与本次活动,我的感悟是:＿＿＿＿＿＿＿＿＿＿＿＿＿＿＿＿＿

＿＿＿＿＿＿＿＿＿＿＿＿＿＿＿＿＿＿＿＿＿＿＿＿＿＿＿＿＿＿＿＿＿＿

＿＿＿＿＿＿＿＿＿＿＿＿＿＿＿＿＿＿＿＿＿＿＿＿＿＿＿＿＿＿＿＿＿＿

活动 4　专业技能比武

【活动目标】

1. "以赛促学",鼓励同学们积极参加专业技能比赛练兵,报名参加校级专业技能比武选拔,以比赛促进专业技能学习。

2. 体验比赛训练的艰辛和获得好成绩的快乐,感受成长成才之路不易,明白青春奋斗的意义。

【活动准备】

1. 准备比赛方案、赛程、报名表、评分表等活动材料。

2. 通知和安排裁判者、工作人员等。

3. 准备场地、设备、工具等。

4.其他准备。

【活动设计】

以医学专业为例:

(一)主要内容和参赛对象

1.临床实践技能培训与大比武

医师学习训练的重点内容是:体格检查,心电图、医学影像结果的判读,徒手心肺复苏,气管插管,小儿呼吸机的使用,心脏电复律,急救止血,胸腔穿刺,腹腔穿刺,腰椎穿刺,骨髓穿刺,换药,穿脱隔离衣等基本技能。

护士学习训练的重点内容是:无菌操作、生命体征测量、密闭静脉输液、鼻导管吸氧、口腔护理、徒手心肺复苏、吸痰、铺备用床、导尿、灌肠、胃肠减压、重病人翻身、皮试液配制等常用操作技术。

2.病历书写培训与大比武

贯彻落实卫生部《病历书写基本规范》,积极组织学习培训,严格开展考核评比,规范病历书写行为,提高病历书写质量,落实各项核心制度,强化医疗机构内涵建设,保障医疗质量和医疗安全。

3.院前急救技能培训与大比武

重点训练心肺复苏、心脏除颤、气管插管、创伤急救等院前急救技能,提高全院院前急救医疗专业技术队伍的业务素质和技能水平,切实提高危重病人抢救成功率。

4.临床检验技能培训与大比武

为深入开展临床实验室达标验收工作,根据《全国医学检验操作规程》《医学临床"三基"训练指南》和《江西省检验医学质量管理规范》,全面开展临床检验"三基"训练,规范检验医学质量管理,提高临床检验水平。

(二)方法步骤

1.筹划部署阶段

对临床技能培训和大比武活动进行筹划安排和动员发动,使各科医务人员明确开展活动的目的、内容、标准和方法步骤,充分做好各项准备工作。

（1）制定工作方案。各年级按照本方案要求,研究制订临床技能培训和大比武活动实施计划。特别要针对医务人员能力素质建设的薄弱环节,研究制订具体培训计划。

（2）广泛动员。采取多种形式,层层进行宣传发动,统一思想、提高认识、营造氛围,使广大医务人员进一步增强责任感和紧迫感,积极投身到临床技能培训和大比武活动中。

2. 比武评比阶段

通过开展临床技能大比武,检验临床技能培训的结果,促进各项工作要求的落实。

（1）组织实施工作。临床技能大比武按照分级管理原则,各年级负责组织本年级的初评工作,并推荐优秀学生参加比赛。

（2）参赛人员的确定。为增加比赛的公平性,确保全员参与,真正锻炼队伍,在竞赛前一周随机抽取并公布参赛人员名单,保证竞赛组织和人员选拔上的公平公正。

【活动安全】

1. 提前检查比赛场地的安全设施、防火设施是否健全,安全通道是否畅通。

2. 参赛者有秩序地进入指定地点,进场后教师迅速组织同学们找到位置坐下,且提醒同学们做到不拥挤、不奔跑、不打闹。

3. 观看比赛时要做个文明的观众,不随意走动,不大声喧哗。

【找一找】

通过专业技能比武,我感觉自己离"职业人"标准尚有差距,主要存在以下问题：_____

_____

_____

_____

【总结反思】

活动总结	
我的收获	
我的不足	
改进措施	

【评一评】

评价项目	评价主体		
	自我评价	小组评价	教师评价
实训纪律			
着装规范			
团结协作			
知识运用			
技能水平			
专业素养			
实训总结			

注:评价等级为 A—优秀,B—良好,C—合格,D—不合格。

📖 探讨与思考

一、选择题

1.大学生在实习选择时应该注意(　　)。

A.结合未来职业选择 　　　　　　　B.结合个人状况

C.衡量能力与赚取收入的权重 　　　D.结合外在机遇

2.为了更好地促进职业技术教育的发展,提高职业教育院校学生的技能水平,技能比赛的指导教师应该培养学生( )。

A. 良好的心理素质   B. 扎实的专业素质

C. 过硬的身体素质   D. 灵活的应变能力

3. 专业实习的意义不包括( )。

A. 验证自己的职业抉择   B. 了解目标工作内容

C. 找到自身职业的差距   D. 实现经济独立

4. 实习对企业的作用主要有( )。

A. 提供了观察一位潜在的长期员工工作情况的方法

B. 为企业未来发展培养骨干技术力量与领导人

C. 有利于与廉价劳动力争夺人才

D. 可以让更多人了解企业文化

二、填空题

1. 实习鉴定是指_____,需加盖单位公章,可作为今后求职时用人单位的参考。实习鉴定应包括_____、_____、_____等内容。

2. 实习期间的表现将决定你是否能留在公司继续工作,实习被拒的理由有_____、_____、_____。

三、简答题

1. 思考大学生参加实习实训的作用。

2. 论述大学生社会实践的意义。

3. 参加技能大赛需要具备哪些条件?

第五章 志愿服务

学习目标

知识目标

1. 理解志愿服务的内涵与意义
2. 了解大学生志愿服务的形式

能力目标

1. 掌握大学生志愿服务的技能与技巧
2. 能够策划志愿服务活动

思政目标

爱国与反哺教育

"很多居民都问我,你怎么想着这个时候(新冠肺炎疫情期间)来当志愿者?刚开始我也很难清楚表达自己的想法,直到那天看到媒体采访一位凉山救火英雄,他说'这个时候一定要有人站出来'。对,就是这种使命感!作为当代大学生,疫情发生后,我也必须站出来。"马丽说。

马丽是武昌某学校的大二学生,家住武昌区白沙洲街城南社区。新冠肺炎疫情暴发后,她瞒着父母报名加入了社区志愿者队伍。出生于1998年的马丽是城南社区最年轻的志愿者,疫情暴发后,坚守在社区为居民服务。

马丽还主动照看着小区里一位年近90岁的"留守爷爷"。由于疫情,老爷爷的家人被困在外地,他自己一个人在家不会做饭。马丽经常帮他"代购",为了让老人营养均衡,还把家里的饺子、肉丸、水果送给他。

马丽的父母经营着一个蔬菜摊位,疫情期间一直坚持营业。为了减少病毒传染风险,马丽的爸爸很少回家。其实,马丽的爸爸也害怕感染,但他更明白附近居民在疫情期间买菜的不容易,大家的基本生活离不开他。正是因为有像马丽爸爸这样无数坚守岗位的平凡人,才最终夺取了武汉保卫战的胜利。

"我也像爸妈一样为城市贡献了一份自己的力量……"马丽坚定地说。

第一节　大学生志愿服务概述

志愿服务是指任何自然人、法人或其他组织自愿贡献自己的时间和精力,在不为任何物质报酬的情况下,为改善社会服务、促进社会进步而提供的服务。当前,志愿服务正在成为社会变革的一种积极力量,其形式日趋多样,规模越来越大,产生的社会效益日益突出。从国际经验来看,志愿人员是社会发展过程中一股巨大的人力资源,对于改善人民生活质量,提升公民素质,促进社会融合都具有特殊的意义。随着社会的进步和人们生活水平的提升,志愿服务将逐渐成为经济社会协调发展过程中的重要因素。

　　人们从不同的角度对志愿服务的定义提出种种不同的表述。联合国教科文组织给志愿服务下的定义是:"志愿服务是一种利他行为,是指人们在非私人的场合,在一段时间内自愿、不计报酬地为他人、为社会奉献自己的时间和专业知识,以帮助他人实现他们的所需。"美国社会工作协会认为,追求公共利益、本着自我意愿与自由选择而结合的一群人称为志愿服务团体,而这种团体工作则称为志愿服务。美国学者马克·A·缪其克在其所著《志愿者》中认为:"志愿服务并不是简单的无偿劳动,而是为了正确理由而实施的无偿劳动。激发'善行'的是美德,像慷慨、博爱、感恩、忠诚、勇气、同情心和对正义的渴望。"国内学者丁元竹等将志愿服务界定为"任何人自愿贡献个人时间和精力,在不为物质报酬的前提下,为推进人类发展、社会进步和社会福利事业而提供的服务"。2006年,共青团中央颁布了《中国注册志愿者管理办法》(中青发〔2006〕55号),该《办法》(第四章第九条)明确规定:"志愿服务是指志愿者组织、志愿者服务社会公众生产生活和促进社会发展进步的行为……志愿服务范围主要包括扶贫开发、社区建设、环境保护、大型赛会、应急救助、海外服务等。"2017年8月22日,国务院颁布《志愿服务条例》,其第二条规定:"本条例所称志愿服务,是指志愿者、志愿服务组织和其他组织自愿、无偿向社会或者他人提供的公益服务。"

　　上述内容对志愿服务的界定各不相同,但其基本精神是一致的:志愿服务不是以营利为目的,是基于利他动机,自愿贡献知识、技能、体能及时间等,以增进他人福利,促进社会和谐与进步为宗旨的公益服务活动。每年的12月5日为国际志愿者日(见图5-1)。

12.5 Volunteers
国际志愿者日

图 5 – 1　国际志愿者日

一、志愿服务的内涵

（一）利他主义的价值追求

利他主义的奉献精神是志愿服务的基本价值追求，而缺乏利他主义的价值追求，即使行为本身客观上帮助了别人，也不能称为志愿服务。当志愿者这一形象闪现在我们脑海时，我们首先想到的是，他一定是个乐于助人的人，是一个热诚地服务他人、奉献社会的人。例如：大学生定期到敬老院（见图 5－2）、孤儿院、自闭儿童中心照顾老人、孤儿和自闭儿童，给他们以生活上的帮助，精神上的安慰；通过暑期"三下乡"活动，将有关文化、科技、卫生方面的知识带到农村，促进农村相关事业发展。这些活动都体现了利他主义的奉献精神。正是基于此，人们常常将志愿服务活动与社会慈善活动、学雷锋活动联系在一起。强调志愿服务活动必须具有利他主义的奉献精神，是否意味着志愿者不能有其他动机呢？答案是否定的。据有关研究表明，志愿服务人员的动机往往是多元的，除了实现利他主义的价值追求外，还可以有提高自己、结交朋友、学会工作技能为找工作做准备、摆脱自身烦恼等动机。因此，是否具有利他主义的奉献精神是检验志愿服务活动的试金石，如果参与志愿服务活动的基本动机是为了帮助他人、服务社会，即使附带有其他动机，这也是

志愿服务

"纯粹"的志愿服务活动。如果参加志愿服务活动并不是为了帮助他人、服务社会,而仅仅是为了个人的目的,那么,即使客观上帮助到他人,也不能称其为志愿服务活动。

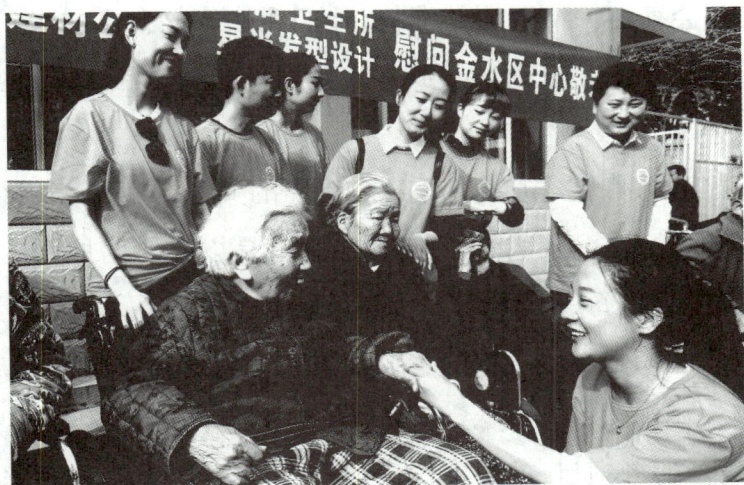

图5-2　慰问敬老院

(二)自愿性

自愿是志愿服务的基本特征。从"志愿"一词的中文含义看,"志愿"本身就包含了自愿的意思。志愿服务的自愿性意味着个体具有参加志愿服务的选择权,即可以选择注册参加某一志愿组织,也可以选择参加某项具体的志愿活动,同时也可以选择不参加志愿活动。志愿服务的自愿性意味着非强制性和非义务性,它与职业工作不同。职业工作是根据劳动合同,必须每天按时出勤并完成规定的工作任务。它也不是法律或伦理道德规定的义务。美国法律规定,对一些罪行较轻的犯罪人员,可以通过在社区做一定数量的"志愿活动"来抵罪,这显然不是罪犯自愿的行为。

目前,在我国很多城市中小学成立了"家长志愿者"组织,家长志愿者组织轮流摊派"家长志愿者"为学校提供学生安全保障、学生食宿安排、课外活动组织等活动,这虽然是采取了"志愿服务"的形式,但是这并非出于家长的自愿,而是出于学校的安排。此外,有的高校允许因身体原因不能参加军训的新生用"志愿服务"时间来抵军训时间,当志愿服务时间累积到一定数量时可获得军训学分。以上所例举的"志愿服务"活动，虽然有"志愿服务"之名，但并非出于自愿，因此并非实质意义上的志愿服务。同时，我们要深刻认识到，不管是发达国家还是发展中国家，社会发展的不平衡是永恒的规律。各个国家始终都会存在一部分弱势群体，他们无法依靠自己的力量摆脱贫困、疾病、痛苦，而作为社会的一分子，我们有责任和义务去帮助那些需要帮助的人们。

在西方国家，人们把志愿服务称为"自愿的义务"，就是指人们自愿承担起社会责任和社会义务。因此，虽然志愿服务是以自愿为原则的，但积极参与志愿服务又是我们每一个人的社会责任和社会义务。另外，需要特别提出的是，自愿并不意味着可以自由散漫。如果志愿者选择参加某一志愿服务组织，就必须遵守该组织的章程，承担相应的义务。如果志愿者自愿选择参加某项具体的志愿服务项目，就必须按照该项目的要求，认真履行自己的职责。《志愿服务条例》第二十二条规定："志愿者接受志愿服务组织安排参与志愿服务活动的，应当服从管理，接受必要的培训。志愿者应当按照约定提供志愿服务。志愿者因故不能按照约定提供志愿服务的，应当及时告知志愿服务组织或者志愿服务对象。"

（三）无偿性

无偿性是指志愿服务不求物质回报。正因为志愿服务有利他的价值追求，所以不求物质回报是志愿服务的基本要求，也是社会对它的基本期待。志愿者个人更不能向服务对象索取物质的回报。如果志愿服务追求物质回报，那它与普通的商业行为和市场交易就没有任何区别。志愿服务不求物质回报，并不意味着志愿服务没有任何的经济性。相反，当下的志愿服务有赖于一定的经济基础，因为志愿服务需要必要的培训、交通支持、餐饮和医疗保障、意外保险购买等。从美国的情况看，志愿者的交通费和餐饮费是可以向志愿者组织报销的，或者将此类费用当作个人慈善捐赠在个人所得税中扣除。比如，美国的一个非常著名的志愿者组织——美国志工团，它是给志愿者发放补助的（当然补助的数额低于相应劳动力的市场价格），服务满一年就可以得到一份教育奖学金,服务两年可以得到双倍奖学金。志愿者个人不能以物质回报作为参加志愿服务的目的,但对于参加志愿服务的一些必要开支是应该得到补偿的。尤其是大学生志愿者,如果完全依靠他们自筹经费去参加志愿服务必定不可持续。因此,政府应加大对志愿服务的经费支持,同时鼓励社会加大对志愿服务的捐赠力度。《志愿服务条例》第三十条规定:"各级人民政府及其有关部门可以依法通过购买服务等方式,支持志愿服务运营管理,并依照国家有关规定向社会公开购买服务的项目目录、服务标准、资金预算等相关情况。"当然,对于志愿服务有需求的大型活动举办方,应该为志愿服务提供培训、交通、餐饮、医疗、保险等基本支持。

(四)公益性

志愿服务是为了社会公众的利益和福祉而开展的活动,是社会的公益行为,志愿者组织的成立不是为特定的具体个人服务。志愿服务活动主要包括助老扶弱、扶贫济困、支教助学、环境保护(见图5-3)、社区服务以及其他社会公益性活动。《志愿服务条例》第二十一条规定:"志愿服务组织、志愿者应当尊重志愿服务对象人格尊严,不得侵害志愿服务对象个人隐私,不得向志愿服务对象收取或者变相收取报酬。"志愿服务活动的公益性,意味着志愿服务不是基于亲属关系、朋友关系。家庭的老人失去了生活自理能力,子女们轮流照顾,这是基于亲情关系的服务。主人要出差,将家里的宠物寄养在邻居家几天;或者邻居是上班一族,邮寄的包裹经常无人接收,要邻居代为接受包裹;或者邻里之间相互照看小孩等等,这些都是基于朋友之间的私人关系而进行的互帮互助。志愿服务的公益性意味着不能为纯粹的商业行为提供志愿服务。一些大型商业活动,为了节约成本,打着公益的旗号向高校索要志愿服务的支持。对此,高校应理直气壮地拒绝。高校可以提供服务,但要按照市场行为的原则进行合作,商业活动举办方不仅要给参加服务的学生提供交通、餐饮、培训、医疗、保险的基本保障,还要为学生提供适当的劳动报酬。

图 5 - 3　打扫公园

二、大学生志愿服务的理念

（一）志愿服务特征

志愿工作具有志愿性、无偿性、公益性、组织性四大特征。

有些人片面地认为从事志愿工作是慈善为怀、乐善好施的表现，把志愿工作看成一种单方面的施予；认为志愿工作只是为了减轻专职人员的工作负担，把志愿者当作"廉价劳动力"；认为只有那些不愁衣食及有大量空余时间的人，才有资格或才会参加志愿工作。

其实，每个人都有参与社会事务的权利和促进社会进步的能力，同样，每个人都有促进社会繁荣进步的义务及责任。参与志愿工作是表达这种"权利"及"义务"的积极和有效的形式。在服务他人、服务社会的同时，自身得到提高、完善和发展，精神和心灵得到满足。

因此，参与志愿工作既是"助人"，亦是"自助"，既是"乐人"，同时也"乐己"。参与志愿工作，既是在帮助他人、服务社会，同时也是在传递爱心和传播文明。志愿服务个人化、人性化的特征，可以有效地拉近人与人之间的心灵距离，减少疏远感，对缓解社会矛盾，促进社会稳定有一定的积极作用。

（二）志愿服务原则

1.自愿性原则

志愿服务必须是自愿参加的。这个自愿是主动的而不是被动的，是自觉的而不是强迫的。自愿性是志愿者服务的基本特征之一。

可以通过有组织的方式去动员志愿者，但应该让每个志愿者都在没有任何压力的情况下自愿投入到志愿服务之中。相反，如果一些志愿服务不是每个人都自愿参加，而是在某些组织或个人的强迫和压力下去参与的，其社会意义就会大打折扣。被迫参与到志愿者服务之中的人员不是真正意义上的志愿者，他们即使参加了志愿服务活动，也很难持续发挥积极的作用。

强制参与、强制"奉献"、募集摊派或变相摊派，对志愿者进行单位化管理，不符合公益活动的自愿性原则。

2.公益唯一性原则

志愿服务不应该被当成达到其他目的的手段。志愿者服务的非工具性包括对志愿服务者的非工具性和对服务组织者的非工具性两个方面。就志愿服务者而言，在提供志愿服务时应该始终坚持利他和公益为基本目标。志愿者服务可以获得回报，但不应该以获得回报为基本目的，即使在完全没有回报的情况下也应该能坚持志愿服务。对服务活动的组织者来说也具有非工具性，即志愿者的服务不应该被大量用来达到服务以外的目标，不论是经济目标还是其他政治目标或社会目标，否则就会损害志愿服务者的动机。

公益唯一性还体现在，义工不能私自替服务对象进行工作计划以外的服务内容。比如义工不得向服务对象作宗教传道的工作；不得在活动时间内宣传与公益活动无关的事物。

3.非牺牲原则

"非牺牲原则"的内涵在于，我们并不要求志愿者或者公益的机构一定要以一种牺牲和剥削自己的形式来实现公益行为和目标。大家完全可以根据自己能够提供的资源和服务，在不牺牲自己根本利益和基本不影响自己生活的情况下,做好社会服务和公益事业。义工个人可以做出是否大量牺牲自己利益的决定,但公益组织不能强制或倡导义工大量牺牲个体利益去参加公益活动。在社会整体效率和利益提高的同时,不以部分人的利益牺牲和社会冲突为代价,这种形式的社会发展是最健康的社会进步模式。

4. 量力而行原则

要根据公益组织自身人力、物力、财力条件允许的程度来开展工作。现实生活中服务需求是多方面和多层次的,志愿服务一定要从实际出发,从社会需求的实际出发,把主观愿望和客观实际结合起来,把社会需求和服务能力结合起来,实事求是,量力而行。要分清什么是现在能做到的,什么是下一步才能做到的,什么是将来才能做到的,还有什么是我们做不到的。我们既不能无所作为,也不可包打天下。

社会需要关注的方面很多,志愿者可以在许多方面有所作为,但是志愿者组织和志愿者的力量都是有限的,不可能满足所有的需求,不是所有的社会需求都适合志愿者去完成。公益组织和志愿者应该量力而行、找准定位,有所为,有所不为。

5. 对服务对象的尊重和平等原则

在公益活动中对受助对象应持互相帮助的平等精神,不应有"施予"的心理和"救世主"的态度;在活动中不能以高高在上的姿态和受助人对话,要尊重服务对象的隐私权,不应随意公开服务对象的情况或资料;不能"好心办坏事",所以志愿服务也要充分考虑服务对象的权益不被侵害。

6. 效率原则

志愿服务应该讲求效益和效率。志愿者的付出是非常稀缺而宝贵的公益资源,在公益活动中要倍加珍惜。不应该只是为了做事情的行动,而不看行动的结果。组织者应当充分衡量公益活动投入产出的价值关系,做出决策。无节制地使用志愿服务资源,将影响公益活动的可持续发展,对志愿者的积极性也是一种挫伤。所以志愿者服务还应该讲求效率,尽量做到低投入、高产出。将"重行动本身而不重行动后果"的行为模式转化到"既重行动本身,也重行动后果"模式。合理地调动志愿服务者的人力和其他公益资源,使其服务活动能最大限度地发挥实效。

7. 安全性原则

志愿服务是一种奉献行为,但不需要牺牲,行有余力的参与,才值得肯定。重大安全事故会对公益组织的公信力、组织能力、可持续发展能力产生重大影响。甚至会引发公益组织的生存危机。所以安全性原则应该作为公益活动的第一原则,其他原则应该从属于安全性原则,组织公益活动时,组织者应该对活动的安全状况认真评估,在进行安全状况评估时要遵循谨慎性原则。不能将志愿者置于危险的境地,要制定保障义工安全的措施,对义工进行安全教育,制定安全纪律。在安全与公益活动进程发生冲突时,宁愿中止活动也要保障安全,决不能冒险行事。

同时,在公益活动中对公益组织、志愿者财物的安全保障应该纳入行动规划,并制定严格保障措施。避免发生严重的财物损失。

8. 非商业化原则

在市场化的资本无孔不入的社会,公益活动很少能脱离商业化的影响。但公益活动必须严格把握商业化和公益活动结合的度的问题。在市场化募集公益资金的过程要确保公益主体性原则。在社会效益第一的前提下达到公益组织、合作企业的双赢,不能不顾公益利益和社会效益变相作为企业谋利的工具。志愿者应该多替代政府,少替代私人,志愿者一般不能被用来帮助企业营利。

义工不能与服务对象或其家属作金钱或物质的任何形式的交易,义工不得接受服务对象的礼物馈赠。

9. 尊重、宽容和包容原则

公益活动的参与者把爱由己推人,洒向大众的同时,其实更应该把这样的爱给自己的同伴。大家在活动中应该相互理解,相互尊重,秉持严以律己,宽以待人,己所不欲,勿施于人的原则;应该充分尊重义工的劳动,充分理解组织者付出的艰辛;对活动中出现的问题应理性看待,不应该过于苛责;提出问题的方式和态度应该尽量理性宽容,目的只能是为了下一次更好,不能对活动参与者或组织者进行人身攻击;不能因为在活动中出现失误就任意对组织者或参与者进行人格方面的负面评价。

活动参与者和组织者,应该虚心对待同伴们的建议和批评,应对理性公允的提议或批评应该做出积极善意的回应。不能因为"我是在做好事""别人没有参与就没有发言权"等理由来拒绝别人的批评,拒绝他人的监督。

志愿者之间应该求同存异,不能以己之所好、己之所恶强加于人。任何时候在组织内部都应该尊重自己的伙伴,而不是以苛刻的理念要求他们,更不应该以一种自以为是的道德优势给他们一些不道德的压力。这是一种基本礼貌,也是一种真正有效的行为策略。自己可以以高标准要求自己,但永远都不应该对他人提出高于社会普遍水平的道德要求。这是一种真正善良和有价值的行为模式。

(三)志愿精神

中国青年志愿者协会将志愿精神概括为四个方面:奉献、友爱、互助、进步。这一精神是中国传统美德、时代精神和人类共同文明的有机结合。它既是对中华民族团结友爱、助人为乐、见义勇为、尊老爱幼、尊师重教等传统美德的继续与光大,又是社会主义时代精神的弘扬和"雷锋精神"在新时代的体现。

志愿精神与志愿服务的特性相对应,是指一种自愿地、不计报酬地参与推动社会进步、促进人类自身全面发展的社会公益事业的精神。志愿精神的具体内涵因人、因地、因时而异,不同国家、不同时代的人对于志愿精神的具体含义也存在着不同的理解。可以说,志愿精神也是与时俱进、不断发展的。但无论这种精神具有怎样的文化差异,满足一些基本的条件是必须的。

1.志愿精神的核心内容

志愿精神最为核心的部分体现在以下几方面。

(1)从志愿者角度看,志愿精神就是"奉献精神"。首先,志愿精神在于自觉自愿。志愿者应本着自觉自愿的精神参与志愿服务。自觉自愿精神包含了自觉与自愿两个方面：自觉意味着在服务中发挥积极作用，主动承担责任；自愿则意味着志愿者是自己想参加志愿服务而不是他人或某种外力迫使下的产物。其次，志愿精神在于奉献，而不是出于其他目的。这一点体现在中国青年志愿者誓词中："尽己所能，不计报酬，帮助他人。"最后，志愿精神主要通过志愿者的信念来体现。精神是某种看不见摸不着的东西，它无法通过量化的方式来评判，它存在于志愿者内心的信念之中。现实中的志愿者有着不同的境界，判断境界高低的标准当然是志愿精神，一个好的志愿者是信念在不断纯化之中的志愿者。

（2）从志愿者与服务对象的关系角度看，志愿精神可以理解为"互助友爱精神"。志愿服务不仅是单方面的施与，还具有"双赢"的特色。志愿者在服务他人、服务社会的同时，自身也到了完善，得到精神和心灵的满足。另外，志愿者在服务过程中也丰富了自己的生活经验，加深了对社会的认识，并培养了组织领导、合作等方面的能力，增强了自信心，获得了成就感。服务对象也不是消极被动地接收帮助，志愿服务过程就是志愿者与服务对象相互关爱、相互交流和共同发展的过程。"服务社会，传播先进文化，为建设团结互助、平等友爱、共同前进的美好社会贡献力量"，就是对"互助友爱"精神的最好诠释。

（3）从志愿服务的社会价值角度看，志愿精神可以理解为"公民精神"。俄罗斯伟大的文学批评家别林斯基曾说过："你可以不做诗人，但你必须做一个公民。"公民精神高度浓缩了公民社会的内涵，其表现形式则是公民的社会责任。简单说，公民的社会责任就是公民在享受法律权益的同时，履行对社会应尽的义务。一个社会如果缺少公民精神，就会变成一个私人利益的卑微集合体，而国家也就变成了依赖私人利益结合成的空洞的法人团体。培育公民精神是构建和谐社会不可或缺的内在因素，是一种持续动力。汶川地震的抗震救灾和北京奥运的成功举办让我们看到了志愿精神在升华。

（4）从人类社会发展的角度看，志愿精神可以理解为"人文精神"。联合国志愿人员组织做了一个很好的总结，即志愿精神体现为"个体对生命价值、社会、人类和人生观的一种积极态度"。显然,在影响志愿者和救助对象、作用于社会体系结构和心理各方面的基础上,志愿精神最终的目的是在全社会每个成员的心灵中得到内化,成为一种面对人生、社会和生命个体的态度。这是志愿精神的最深层次,是"奉献服务""自助助人""公民参与""互助友爱""共同进步"等精神内涵在个体人生态度中的升华。

2. 志愿精神的思想基础

志愿精神基于个人对社会和人类的积极认识,体现了一种有利于社会发展的积极价值取向。这种价值取向既取决于个人成长的背景、所受教育、人生阅历与经验,同时又取决于社会环境在我们选择时起的作用。

志愿精神在不同的国家有不同的内容,其思想基础也呈现出多样化。例如,美国历史学家莫尔科第指出,强调志愿者主动性有助于塑造美国国民性格。美国人认为,美国志愿服务精神的出现首先归功于新教伦理和英国先祖,犹太教、基督教随一次次移民潮被传入美国;其次归功于独立战争时期和拓荒时期,美国人在经受困境的支配和善良的磨炼下相互依靠和帮助的个人利益基本价值观。法国明确指出,非营利性是志愿活动的根本精神,有的是强制性的,并且完全不应获取报酬;而志愿服务不排斥获得维持志愿者基本生活的报酬。马来西亚青年运动全国助理总秘书江贵曾说:"马来西亚的志愿团体的宗旨'教育青年,服务社会'要求每个志愿者要有积极向上的服务精神。"在中国,志愿精神是对中华民族团结友爱、助人为乐、见义勇为、尊老爱幼、尊师重教等传统美德的继承与光大。中华民族拥有五千年的悠久文化和灿烂的东方文明,虽未曾举起过"志愿者"的旗帜,但从"乐善好施"的千年古训到"助人为乐"的雷锋精神,无数仁人志士早已吟唱出人类道德情感的华彩乐章,尤其是雷锋精神,教育和培养了好几代人。青年志愿者行动既从中华民族的传统美德中汲取营养和力量,同时也是对中华民族传统美德的发扬和光大;青年志愿者精神闪烁着中华民族传统美德的光芒。

3. 弘扬志愿精神

志愿精神是全人类共同的宝贵财富,是基于人类道德和良知,以自愿和不图物质报酬的方式,为他人和社会提供社会服务的一种奉献精神。随着人类社会的文明进步,人的价值取向也发生了重大的变化。人们在追求物质需要的同时,将更多地追求精神需要。这种精神不仅停留在个人需求层面,而是更多地体现在人对社会所承担的共同责任和义务上。这种精神超越了地域、民族、文化的界限,为世界各国、各民族、各种文化所广泛认同,体现了人类对美好生活的共同向往。

志愿精神既传承了中华民族助人为乐、扶贫济困的传统美德,又体现了社会主义道德的基本要求,具有鲜明的时代特征。大学生在参与志愿服务的过程中,不仅为社会和他人提供帮助,而且自身得到了锻炼和提高,思想境界得到升华和发展。实践证明,志愿服务是培养教育大学生的有效途径,是实践育人的重要载体。因此,要继续大力弘扬志愿精神,动员广大青年学生到基层去、到祖国最需要的地方去,走与实践相结合、与人民群众相结合的成长道路,在志愿服务中受锻炼、长才干、做贡献。

三、大学生志愿服务的形式

在中国,发展社区志愿服务具有强大的基础。首先,中华民族具有邻里相伴、守望相助的传统,在儒家亲亲仁民思想和"大同"社会理想的指导下,建立了官办慈善机构与基于宗族体系的民间互助互济相结合的福利照顾网络。在构建社会主义和谐社会的背景下,完全能够实现现代性转化,形成丰富的慈善资源。其次,建国之后开展的声势浩大的"学雷锋"活动,其重要内容之一就是在街道、社区、邻里层面上对对孤寡老人、残疾人等困难群体进行帮助照料,并形成了稳定的长期机制。事实上,社区志愿服务在发展初期,也正是在这一"社区照料"的领域中获得最大突破,创出品牌的。目前,中国社区志愿服务已形成了立足社区生活的完整类型。综合来看,可以大致从四种角度进行总结。

(一)救济型

社区的基本内涵,即是作为居民的日常生活单位并在此过程中形成互动频繁、相互依恃的人际关系。而我国社区改革和社区建设的一个重要目标，就是通过社会福利权力和职责的下移，使社区成为保障居民生活福利的主体，还原社区作为日常性生活空间的丰富内容。在这一过程中，大量的救济服务需求在社区层面上出现，完全依赖政府部门和市场交换，既是不可能的，也是不应该的。

完整意义上的社会保障应该包括物质保障和服务保障两个方面。即便在改革之前，服务保障的实现和完善，也在很大程度上有赖于广泛开展的"学雷锋"活动。在社区志愿服务的发展过程中，这一救济型的领域也正是首先得以繁荣的空间。

在志愿服务的深化和发展过程中，社区照料、社区慈善等救济型服务，也相应对走向了救济发展型，即在提供服务的过程中，不仅服务内容逐渐随着生活水平和服务对象需求层次的提高，从单纯物质照料走向精神慰藉和情感互动，而且开始开展促进、帮助参与社会活动、提高自身价值感和能力的服务。如组织老人开展自己的文艺体育活动，帮助残疾人发展兴趣、能力，组建相互交流和服务的网络等。与之相应的，是现代志愿服务理念的建构，即志愿服务并非单纯的救助，而是自助助人、发展能力、共同进步。

（二）互助型

交换型或互惠型的互助服务，本身就是社区概念所内在包含，也是中国社区重建和发展过程中，公共政策所倡导和扶持的事务。此类型的志愿服务，一方面是补充、完善既有的邻里互助非正式网络，一方面是通过各种方式的介入，辅助建构和运作互助型民间组织。

在结对帮扶式的救济型服务过程中，般都会向互助型发展，这一点在为老服务的社区照料中表现得最为明显。随着社会的发展，原来以志愿者入户照料为主的"一对"服务逐渐开始走出家门，为老人尽可能提供参与社会、互相交往的机会，志愿者也就成为老人之间精神互助组织的支持者和联络者，并积极开拓渠道,实现社区内或跨社区兴趣型组织的交流,可以有效地促进社区文化的生成和居民的认同。志愿者与帮扶对象之间建立力所能及互助关系,也是普遍发生的事情。如老年人为结对志愿者照看家庭、接送孩子上学等。

随着人口寿命的提升,大量"低龄老年人"出现,他们富有知识和经验,会渴望继续参与社会、发挥专长,因此,他们有广泛参加志愿服务的愿望和能力,这也成为促进志愿服务普及化、构建完善的社区互助网络的新契机。20世纪末,在上海、南京等地的构建社区养老服务体系的过程中,率先开展了志愿服务"时间储蓄"制度的尝试,即鼓励低龄老年作为志愿者照料高龄和生活自理困难的老年人(他们比年轻人更容易与照料对象沟通),服务时间被记录存档,保障他们在晚年可以得到相应的高质量照料。2002年启动的"志愿者为老服务金晖行动",更是明确提出要探索建立的志愿服务时间储蓄制度,要"动员那些有愿望、有专长的低龄老人参与志愿服务,成为'金晖志愿者',提高老年人互助能力,更好地发挥老年人作用"。

在社区建设的过程中,非正式的互助关系逐渐发展成完善的互助网络或组织。如在区或街道相应政府部门的支持下,很多社区成立了"居民互助救助站""社区博爱互助中心"等民间综合互助组织。由组织出面搭建交流平台、建立志愿者档案库、设立互助基金等,使单向服务逐步演化为"服务链"和"服务网"。

(三)公共服务型

所谓社区公共服务,一般指的是现代社会为了社区的需要而提供的社会公共服务,以及社区本身为满足自己的需求自行安排的共有服务,如社区保安、物业管理、保洁、绿化等工作。这些方面的工作,是我国在行政体制改革和社区建设过程中明确走市场化道路和由社区自助解决的领域,也是国际公认适合民间组织介入和运作的事业。实践也表明,市场在提供物业管理、环境卫生、商业设施等营利性服务时，具有充分的效率。但对于其他一些高外部性的公共服务，市场是失效的，而由非政府组织、民间社团配合行政机构来组织管理，采取志愿服务的方式来进行运作，是合适而有效的。

（四）公民参与型

社区作为基层居民自治组织，应该成为公民参与的活跃空间，以及培养中国民众的公共参与能力、习惯和素质，逐步构建多层次、多类型参与渠道的生长点。可以说，我国社区建设的问题，就是通过"社区工作"促进社区体制的形成。社区工作系指居民互助、志愿者、选举社区领导人等活动。在这些活动中，必然会引发居民之间的深入互动，居民与现有街居组织的切实联系，以及全体居民对有关公共事务的参与。这些联系和参与逐渐定型化，即形成我们所说的"社区体制"。志愿服务有意识地介入社区公共事务管理和社区体制构建，应是始于 1995 年 5 月团中央实施"大中学生志愿者社区援助行动"。这项行动在一开始，是动员和组织大中学生利用周末课余时间，发挥自身的知识、智力优势，在社区开展多种内容的专业援助志愿服务。随着社区建设步伐的加快，社区援助行动的内容和形式进步深化，开始推行大学生志愿者到居委会挂职担任专业副主任或主任助理的计划。青年志愿者介入社区领导人选举、民间组织建设和管理、公共决策与执行、社区活动组织等事务，既获得有益的锻炼和教育，又促进了社区建设的深层次发展。

随着中国社会的发展和社区建设的深化，各种矛盾和问题正逐渐显现出来，而大众传媒和公众民主意识的飞速发展，使这些问题的解决不再能够单纯依赖政府相关部门的自上而下决策，而是必须广泛动员和接纳公民参与，使公共政策真正成为公民个人、组织与政府积极合作的产物。在这种背景下，各种志愿者和志愿服务组织主动介入社区建设，救济弱者、服务公众，促进居民互助和参与的发展，可以逐步深化居民对社区的认同感和归属感，推动中国政治、经济、社会的全面发展。

奉献，点亮一座城的"希望之光"

——武汉各界人士踊跃参与志愿服务助力战"疫"（见图5-4）

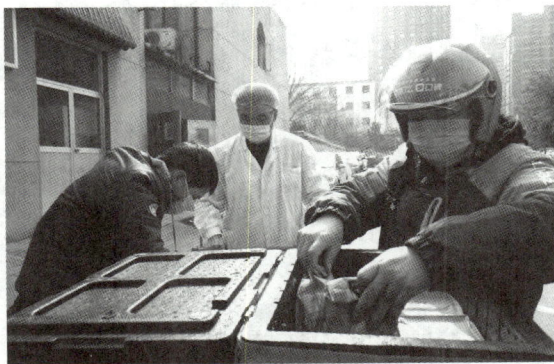

图5-4　武汉各界人士踊跃参与志愿服务

做好小区进出人员登记、测量体温、提醒居民减少外出、担任群众日常生活用品的"配送员"……新冠肺炎疫情期间，家住武汉市江岸区新村街道铁南社区的志愿者宋爽格外忙碌。

看到家人们在为战"疫"忙碌，他主动向社区报名，成为一名在社区值守门岗的志愿者。"我的父亲是一名医生，我没法像他那样去一线治病救人，但也要做些自己力所能及的事。"

疫情突袭，和宋爽一样，江城武汉街头，大量志愿者挺身而出，成为基层防控工作中的砥柱中流。

平日里，他们是一位位普通人；关键之际，他们是一位位冲锋者。

共青团汉阳区委组织志愿者联络群，共有约300名成员，其中近八成是"80后"和"90后"。疫情期间，这支志愿者队伍，24小时待命，参与隔离点的抢建工作，及时运送防疫物资，以及参与做好援汉医疗队的后勤保障工作。

"抢送物资抢建隔离点，争抢'接单'是志愿者日常。"青年志愿者志愿服务队负责人熊有明介绍，2020年2月7日，接到紧急任务，需要志愿者参与武汉船舶职业技术学院隔离点建设，27名志愿者迅速集结，短短5个小时，500

张床铺当天即全部铺设到位。"次日,湖北交通职业技术学院隔离点开始紧急抢建,又有 13 名志愿者及时支援,240 张床位均在当天完成任务。"

转业军人王禾田,得知武汉永清街街道招募 A 型驾照员开救护车,他立即申请,正式成为一名防疫志愿者。根据疫情防控工作的需要,他积极配合医院运送新型冠状病毒病患,目前已转送病人 46 人。

每次接送发热病人,他都会安抚焦急而虚弱的患者:"别担心,我会开得很稳,一定把你安全送达。"

平凡,亦不凡。岗位不同、年龄不同,但相同的是,他们都在为战"疫"而付出、奉献。

个体经营户易春恒,是硚口区宗关街变电社区居民。疫情防控期间,他与 5 名居民志愿者组团,承担起了为社区居民药品代购的"工作"。最多的一天,易春恒代居民购买了 112 份药品。

代购药品责任重大,统计时要再三核对。为了能买到居民所需药品,他和社区工作人员往往要整理药单到深夜,将居民的药单分类好,以便第二天能迅速买到。"能帮到大家,累一点也是值得的。"易春恒说。

与时间赛跑,全国道德模范、湖北省信义兄弟农民工帮扶基金会的创始人孙东林,一直带志愿服务队奋战在抗疫一线,联系筹集医疗物资、为防控一线捐款捐物、为在汉的农民提供防疫服务等,先后筹集物资及资金累计价值 200 多万元。

志愿者孙辉在办理相关手续后,独自从武汉往返仙桃 3 次,运输基金会所协调的口罩 113900 只。"我们要用更多力所能及的努力,为疫情防控多做点事。"

守望相助,爱心,在传递中延续。

丈夫还在一线救治病人,她来到医院,成为一名捐赠血浆的爱心志愿者——2 月 18 日,武汉市金银潭医院迎来了一位特殊的献血浆者,她是金银潭医院院长张定宇的夫人程琳。

不仅自己参与,她还带着同是新冠肺炎康复患者的同学来到金银潭医院的献血点。经过一系列的问询、检查等评估后,成功捐献血浆。

志愿服务、爱心互助,迎战疫情,无数人的付出与奉献,让这座城满溢温情。

据了解,2月23日,中宣部、中央文明办在武汉市开展"志愿服务关爱行动",在全市范围内专项招募志愿者,按照就近就便的原则,为社区居民提供食品药品等代购代送服务。武汉市新冠肺炎疫情防控指挥部和市委宣传部、市文明办分别将相关招募通知发出后,报名者云集。10小时内,报名人数就突破1万人;短短一周时间内,报名者达到7万余人。

各个社区结合实际需要,根据志愿者健康状况、日常表现等情况,认真审核通过4.4万余名志愿者,其中,2.42万余人上岗参与志愿服务关爱行动,服务范围基本覆盖武汉市15个区(功能区)、1394个社区。

爱心,如潮涌动。

共克时艰,微光,点亮江城。

第二节 大学生志愿服务认知和技能

一、大学生志愿服务的自我认知

(一)服务心态

志愿服务工作是以奉献为主的工作,其中充满了困难与艰辛,但为什么还有很多人愿意参与到志愿服务工作中成为志愿者? 有人认为,人天生是群居动物,互帮互助是人的本能;有人认为,行善助人,乐人乐己,参加志愿服务活动会善有善果;还有人认为,志愿者是出于满足好奇心、结交朋友、锻炼自我等原因参与志愿服务活动的。从志愿服务的本质来看,这些都不足以完全激励人们踊跃参与志愿服务。那么,个体从事志愿服务会是怎样的心态呢?

1. 精神追求

爱因斯坦说:"一个人的价值,应该看他贡献什么,而不应当看他取得什么。"志愿者在付出的过程中,收获的是被他人需要、被社会认可,这一回报不是金钱,也不是物质奖励,而是一种内在的精神价值。它使生命充满了意义,使社会充满了温馨。

2. 社会使命

志愿服务活动源于心系社会、服务社会的慈善捐助。今天的志愿者们秉承这一使命,并积极回应这一使命的召唤,以多样的志愿服务内容投入到增进人类福祉的活动中。志愿者们投身于公益事业,不仅贡献个人力量,而且与社会形成互动,从而催生社会责任感和使命感;他们发扬人道主义精神和志愿服务精神,为政府分忧、为社会解困,改变着社会面貌。正如爱因斯坦所说:"只有献身于社会,才能找出那短暂而有风险的生命的意义。"

3. 知识学习

志愿者在从事志愿服务工作时,不仅是帮助他人,还可以在这一过程中学习新的知识和技能,积极促进个人的成长和人格的完善。志愿服务是团队工作,志愿者在这一团队中学会建立良好的人际关系,增强团队精神,加强团队合作。尤其是大学生志愿者,他们在提供志愿服务的同时,也提高了自身专业技能。同时,志愿服务也帮助他们了解社会,深化对理论知识的理解,并获得启迪与教育。

4. 价值实现

美国著名心理学家马斯洛认为,人生的最高境界是自我实现,其中就包括关心他人、超越自我。尽管人们在日常生活中追求物质利益,但从未放弃对美好生活的向往。心灵的充实、精神的升华、潜能的发挥以及自我价值的实现一直都是志愿者的不懈追求。志愿者的善举不仅充实了他们的生活,也升华了他们的灵魂,实现了他们的人生价值。

5. 人生体验

我们在生活中体验,也在体验中生活,为的是使我们的人生更加丰富多彩。志愿服务在人生众多的体验当中，也许只是短暂的瞬间，却是辉煌灿烂的。在志愿服务活动中，有些体验是日常生活的酸甜苦辣，有些体验却是刻骨铭心的。参加首都支援农村教育工作的老师们说："我们被农村感动，我们感动着农村。"作为志愿者，他们体验到了这种心灵共鸣。为了丰富生活体验，塑造完美人生，越来越多的人加入到志愿服务队伍中来。

6. 心理完善

志愿服务可以帮助志愿者培养快乐的心境和积极向上的价值观。志愿者在关心和帮助他人的过程中，缓解了自身心理压力，塑造完善了品格。一篇介绍美国的志愿服务的文章讲述了志愿者凯瑟琳·佩纳的故事。志愿者凯瑟琳·佩纳为术后乳腺癌患者做了 22 年的咨询指导工作。她说："我保证所有志愿者都会在情感上、生理上、心理上感觉更好，不管你是谁，不管你做什么（志愿工作）。我所认识的志愿者都笑容满面。"通过志愿服务，志愿者们能够树立自尊、自强、自立、自爱的人格气质，以及健康乐观的心理素质。

（二）志愿者心理素质培养

心理素质是个体素质的深层内涵，具体指个体在精神、意识上的特征和品质，包括智力和非智力因素。的来讲，心理素质是个体素质结构的核心因素，是使人的素质各部分"联系起来"成为能动发展主体自身的内部根据。心理素质所反映的既是结果更是过程，它是一个人自我发展和自我实现的必要条件，对人的成功非常重要。

志愿者心理素质是指志愿者的心理过程及个性心理结构中所具有的状态、品质与能力之总和。它包括智力因素与非智力因素两方面。智力因素方面是指获得志愿者活动知识的多少；非智力因素方面主要指志愿者心理健康状况的好坏、个性心理品质的优劣、心理能力的大小以及所体现出的行为习惯与社会适应状况。在这里，我们主要强调志愿者非智力因素中心理素质的自我开发与有效利用。

1. 志愿者心理素质存在的问题

目前，我国的志愿服务范围日趋广泛，已涉及社区建设、扶贫、大型活动、环保、海外援助、抢险等多个领域。志愿者活动已经被提到了重要的日程上来,但是在志愿者的发展及其从事服务活动的过程中,大多数志愿者的心理素质面临着一系列的问题,主要包括以下几个方面。

（1）自豪和自卑的内心冲突。一方面,志愿者为自己能来做志愿服务这么高尚的工作感到自豪,同时也可以获得锻炼的机会来提高自己的能力和道德素养,是人生难得的一次经历和宝贵财富;另一方面,志愿者经常会因为现在的社会、家人和朋友不是很认同这一行动,得不到支持甚至强烈反对而感到有些自卑。

（2）渴望交往和孤独的矛盾。志愿服务现场对多数志愿者来讲,在很大程度上是陌生的,即便在这种情况下,他们都一样想通过自己的努力,尽快地与当地人熟悉、打成一片,及早进入工作状态。然而,可能由于自己的性格或者对方不太热情而不能建立一种良好的人际关系,从而感到自身受到周围人的排挤,内心陷入一种孤独的状态。

（3）独立和依赖的矛盾。志愿活动很重要的一点就是需要志愿者不断地去解决一些新问题,这样才能为服务对象提供更优质的服务。在处理具体问题时,志愿者的无私精神和强烈的社会责任心驱使他们都希望自己能独当一面,独立完成,做出自己最大的贡献,但又由于经验不足还需要他人协助或依赖他人才能顺利地把事情完成。

（4）理想和现实的矛盾。志愿者真正去从事志愿服务之前,总是怀着满腔热血,希望自己能做出一定的成绩让所服务的对象感到温暖、开心,得到服务对象的高度肯定与认可。但在服务过程中,会遇到许多意想不到又无法避免的事情。比如说,现实情况可能需要做很多琐碎的小事或者要面对各种矛盾,这时就会产生心理冲突。

2. 志愿者心理素质培养对策

在实际活动中,协助志愿者得到心理上的满足感是非常关键的。这需要从源头切入,提升其心理素质,使其在从事志愿服务时,服务方与被服务方均能获得较高满意感。因此,心理素质训练对大学生志愿者来说就显得更为重要。心理素质训练就是指通过各种手段,有意识地对个体的心理过程和个性特征施加影响,并采用科学的方法使个体学会调节和控制自己的心理状态,进而调节和控制行为的过程。通常可从以下方面来提升大学生志愿者的心理素质。

(1)增强责任感。服务过程中,志愿者对于失败或发生的事件,在任何时候都首先要从自己身上找问题,这样考虑才算是有责任感的人。如果自己的言论或行动是产生问题的直接原因,那理所当然地要承担责任。如果是别人的原因而发生问题时也不要把责任全部推给他人,应该想到自己在处理事情方面也应负有相应的责任。

在这种情况下,志愿者一方面应做的是总结经验教训,通过解决问题进一步提高自身形象,使类似事件成为今后发展的台阶,更好地为服务对象提供优质服务。另一方面,自己要敢于承担责任,不推卸责任,不把责任转嫁给他人,才能赢得周围同事的认同和信赖,同时自身也能不断获得成长与发展。

(2)培养良好的意志。意志是人类特有的心理活动,是个体意识能动作用的表现,是个体有意识地支配、调节行为,通过克服困难,以实现预定目标的心理过程。良好的意志对于个体来说可以给别人可靠、可信的感觉,成为影响和带动别人的无形感召力。从心理学的角度来讲,强烈的事业心、积极进取和坚忍不拔的精神都是对志愿者意志的要求。

就志愿者而言,良好意志的培养可从以下三方面展开,即意志的自觉性、坚韧性和自制力。在志愿服务过程中,自觉地与可能遇到的各种困难做斗争是锻炼意志品质的重要途径。意志的坚忍性是在与逆境或困难的斗争中培育起来的,困难越大,越能放射出意志的光彩,志愿者的示范效应就在于此。在社会实践和日常生活中应加强自制力的培养,良好的自制力可以使志愿者在任何情况下做到自制、自立、自主,不为外界所左右。通过这三方面有意识的训练,志愿者的意志力会得到较好的提升。

(3)建立心理相容关系。心理相容关系是指交往双方的言谈举止、思想面貌、个性特征、气质风度等都能被对方认可、悦纳的心理关系。志愿者若能在与他人的交往过程中建立这种相互"认可、悦纳"的心理关系,可以留给别人可亲可近的心理感受,有利于消除交往中的心理障碍,缩短彼此间的心理距离。心理相容关系要靠真诚去播种,而真诚需要在角色互换中体验和锻炼,即志愿者有时是志愿者,有时是别人的晚辈、同辈或朋友。这样的角色互换可以体验到一种心理共鸣,才可以让彼此保持一种良好的关系。当然,心理相容关系除了真诚,还需要相互信任、理解、支持等。

(4)增强挫折耐受力。开展志愿服务过程中,挫折是不可避免的,不少人在遇到挫折后往往内心痛苦,情绪紧张,心烦意乱,有的迁怒于人,产生破坏性的行为。但受挫折时的心态是可以调节的。在面对挫折时,只要懂得正确认识挫折,对挫折进行正确的归因,适当进行情绪宣泄和积极寻求社会支持等方法,就能改善心态,调整行为,缓解挫折的打击,摆脱由挫折引发的痛苦,改善客观处境,减少志愿者的挫折感。除此之外,志愿者还要学会抵得住诱惑,耐得住寂寞,对生理、心理和外部环境进行控制,也可以培养自身的幽默感,学会在适当的时候激励自己和善于利用积极的心理暗示等方法,就能战胜志愿服务过程中的一系列艰难险阻,走出困境。

(5)强化竞争意识。竞争意识源于个体的自尊、自信、自强的心理要求,是一个人创造性才智发挥的催化剂。志愿者是在不谋求任何物质报酬、不受法律的强制下,从事公益事业与社会服务事业的人,在这种没有任何约束的情况下,要把工作做好,必须要有竞争意识,培养和强化竞争意识必须锻炼自我调节、自我解脱、自我完善的心理机能,进而不断提高其能力。顺境时,要保持头脑冷静,不能忘乎所以,放松警惕,要看到将来可能发生的变化。逆境时,不能惊慌失措,丧失信心,要看到优势所在,树立起做好工作的信心,通过利用有利条件、发挥才能的优势来走出困境,获得成就。

(6)辅以个别心理咨询。个别心理咨询是针对有特殊问题的志愿者,心理咨询师与志愿者之间进行一对一的个别会谈。通过建立良好的咨访关系,倾听志愿者对自身问题的描述与感受,确立希望达到的目标,利用多种影响技术,向志愿者提供观察问题的视角,引导志愿者进行自我探索,选择适当解决问题的策略,制定有效的行动方案,在帮助志愿者解决问题的同时,发展志愿者自身解决问题的能力。培养心理素质的方法还有很多,例如树立正确的人生观和价值观、普及心理学知识、加强心理素质教育队伍建设等。

(三)志愿者自我心理调适

1. 心理健康

健康是人类的永恒追求。随着社会的发展以及人类对自身认识的深入,人们对健康的认识也随之发生变化,这一过程也是人们对心理健康的认识从无到有的过程。美国心理学家奥尔波特指出,心理健康的人不被无意识的冲动所驱使,他们的行为是在理性和有意识的水平上活动的;这样的人积极追求目标、希望和理想,并形成自我同一性。1946年,第三届国际心理卫生大会将心理健康定义为"在身体、智能、情感上与他人的心理健康不相矛盾的范围内,将个人心境发展成最佳的状态"。综上所述,可从广义和狭义两个角度来定义心理健康。从广义上讲,心理健康是指一种高效而满意的、持续的心理状态;从狭义上讲,心理健康是指人的基本心理活动的过程内容完整、协调一致,即认识、情感、意志、行为、人格完整和协调,能顺应社会,与社会保持同步。

联合国世界卫生组织(WHO)对心理健康制定了7条标准:智力正常;善于协调和控制情绪;具有较强的意志和品质;人际关系和谐;主动地适应并改善现实环境;保持人格的完整和健康;心理和行为符合年龄特征。

2. 自我心理调适

心理调适是指使用心理科学的方法对认知、情绪、意志、意向等心理活动进行调整,以保持或恢复正常状态的实践活动,既可以自己进行心理调适,也适用于帮助别人。

自我心理调适是根据自身发展及环境的需要对自己进行的心理控制和调节,从而最大限度地发挥个人潜力,维护心理平衡,消除心理问题。它是解决和摆脱低落情绪甚至痛苦的最佳途径,比最优秀的心理咨询师都有效。心理治疗师的主要工作就是"助人自助",心理治疗从本质上讲,是帮助治疗对象发现自身的问题及其症结所在,引导治疗对象自主自发地加以改变和解决。所以,当志愿者遇到一般的心理问题时,尽早依靠自己的力量进行调适和释放,有助于快速恢复健康的心理状态。

3. 自我心理调适的内容

(1)理解志愿服务的价值。志愿服务诠释了志愿精神的核心——奉献、友爱、互助、进步。大学生参与志愿服务活动,既服务他人奉献社会,又可扩大自己的生活圈子,亲身体验社会上的人与事,加深对社会的认识,这种社会实践对志愿者自身的成长和提高是十分有益的。志愿者在参与志愿服务过程中,除了可以帮助他人外,还可以学习新知识、增强自信心、学会与人相处,更有助于培养自己的组织领导能力。

(2)进行适当的情绪宣泄。宣泄法是指让当事人把过去在某个情境或某个时候受到的心理创伤、不幸遭遇和所感受到的情绪发泄出来,以达到缓解和消除当事人消极情绪目的的方法。通过宣泄内心的郁闷、愤怒和悲痛,可以减轻或消除心理压力,避免引起情绪过度紧张,甚至是精神崩溃,有助于恢复心理平衡。例如,志愿者把志愿服务过程中的忧愁、烦恼、不悦、悲伤等向亲朋好友倾吐,可以起到释放负面情绪的作用,或者参加一些体育运动,可以有效地舒缓情绪,起到镇静和抗抑郁的作用。在特定的情绪氛围里,也可以通过哭泣来释放压抑的情绪,达到心境的平和。

(3)改善志愿者彼此之间的人际关系。优良的人际关系是积极完成志愿服务任务的根本。第一,要待人热诚。要想让别人接受你,你先要尊重别人,认可别人,接纳别人。没有人会真正地拒绝热诚的人。第二,要善解人意。每个"小我"都渴望被别人关心,渴望被人接纳。因此,要学会聆听,尊重他人。第三,要学会发现别人的长处,既要用赏识的目光对待伙伴,并适当地表达出来。在人际交往中,最忌讳为满足个人需求而剥夺别人的权益。

(4)以奉献的精神全身心地投入任务。志愿者遇到波折的时候,要理智地全身心投入任务当中,挑战自我。志愿服务本身就是"助报酬乐"的事情,而心理学研究表明,"小我"在服务和帮助他人的过程中,可以充分体会到知足感、成就感,在一定程度上实现自我价值。志愿服务或许有些不如意的地方,但更多时候是充满快乐的。只要自己秉持助人的心态,就会产生无私、奉献、热情等积极情感。因此,志愿者在帮助了别人的同时也帮助了自己。

二、大学生志愿服务具备的条件

(一)热爱公益事业

热爱公益事业,希望为公益活动做出自己的一份贡献。

(二)严肃工作作风与工作纪律

工作时间不得离开工作岗位,如有特殊情况需离开岗位、应征得负责人的同意并按时返回。未经同意离开的视为脱岗,造成后果的,视具体情况酌情处理;认真履行请、销假制度。服从指挥,能听从组织和学校安排。志愿者不得擅自从事与支教无关的活动。

(三)艰苦朴素,谦虚谨慎

不以任何形式增加服务单位和受援地的经济负担;不提出超出服务岗位必需及当地客观条件的物质要求。

(四)不计较个人得失

严于律己,不得以任何理由接受服务对象的钱物;不以志愿者身份从事任何营利性活动和一切有悖于志愿者精神的活动。

(五)按时完成工作任务

按时完成指定的工作任务和项目,保证服务质量;在认真完成本职工作的同时,积极参与其他志愿服务活动。

(六)洁身自爱,树立形象

不酗酒、不赌博、不斗殴,严肃工作和生活作风,维护志愿者形象;尊重当地风俗习惯,与当地群众和睦相处。

(七)工作时间保持通讯畅通

工作时间保持通讯畅通,遇到问题及时反馈。负责人必须保持 24 小时通

讯畅通,随时掌握每位志愿者的行踪。

(八)强化安全、责任、保密意识

在工作中做到安全服务。服务期间要服从统一安排,注意人身和财物安全,不得到江河湖塘游泳,夜间不得单独外出。遇到突发事件时应冷静对待,谨慎行事,任何情况下不得与服务对象发生冲突。

三、大学生志愿服务技能与技巧

(一)志愿者工作的应变技巧

在志愿者从事志愿服务工作时,必须掌握一些通用的工作技巧,如应变技巧、沟通技巧和合作技巧等,这些技巧无论对于志愿者做哪一项志愿工作都有着十分重要的作用。

志愿者进行社会服务,并不是一项简单、机械的工作,在服务过程中经常会遇到一些突发事件。如何处理好突发事件对于志愿者的工作能否顺利完成有着非常重要的作用。由于突发事件都是出乎意料、防不胜防的,处理起来往往比较棘手,因此处理此类事件,除了要求志愿者要有广博的知识和良好的心理素质外,还需要具备一定的应变能力和技巧。所谓应变能力,就是当环境、条件、对手等发生变化时,能够及时采取措施迅速加以应对的能力。下面从平日积累和临场发挥两方面介绍如何培养志愿者工作的应变能力和技巧。

1. 注重积累

突发事件的发生具有较大的随机性,一般无法预测,而且往往受到不可控因素的限制,因而常常使人措手不及。但是并非所有的突发事件都无法预防,在平常的工作和生活中,志愿者要善于学习和思考,主动学习他人的经验教训,努力培养自己的应变能力,为正确处理在志愿服务过程中的突发事件做好准备。

(1)认真参加各项培训活动。在志愿服务开展之前,志愿服务的组织方或主办机构往往会举办一些培训活动,以提高志愿者的服务能力和技巧。志愿者要主动积极参与这些培训活动,因为培训讲师往往会传授如何应对突发事件的技巧。由于培训讲师通常是某项社会服务或活动专家,他们在日常工作中积累了相当丰富的经验,认真学习他们的工作方法和技巧,对于志愿者自己进行社会服务将起到积极的作用。

(2)经常向有经验者请教经验。志愿者初次参加社会服务工作时,往往会因为缺乏经验而感到紧张或害怕。在工作开始之前,向身边有服务经验的人或专家请教是十分明智的,他们可以帮助你消除紧张心理,并传授一些心得体会给你。

(3)扩大个人的交往范围。无论家庭、学校还是小团体,都是社会的一个缩影,在这些相对较小的范围内,我们可能会遇到各种需要应变能力才能解决的问题。因此,只有首先学会应变各种各样的人,才能推而广之,应付各种复杂环境。只有提高自己在较小范围内的应变能力,才能推而广之,应付更为复杂的社会问题。实际上,扩大自己的社交范围,也是一个不断实践的过程。

(4)加强自身的修养。应变能力高的人往往能够在复杂的环境中沉着应战,而不是紧张和莽撞从事。在工作、学习和日常生活中,遇事沉着冷静,学会自我检查。自我监督、自我鼓励有助于培养良好的应变能力。

2. 临场发挥

正确处理突发事件除了需要志愿者平日多做准备之外,临场的发挥也很重要。志愿者在处理突发事件时,需要掌握以下原则。

(1)保持镇定,冷静思考对策。在志愿者工作的过程中,如果发生了突发事件,志愿者首先不能惊慌失措,应该保持镇定,尽快全面了解事件的具体经过,判明有关情况,积极寻找对策。如果志愿者没有冷静的头脑,不能做到处变不惊、镇定自若,那么就容易产生心理震荡和情绪波动,这反而会给突发事件的处理带来更大的障碍,使事态进一步恶化。因此,志愿者在面对突发事件时,必须学会控制自己的情绪,做到沉着冷静,在准确判断的基础上确立对策,实施有效的措施。

（2）随机应变，寻找最有效的方案。面对突发事件，志愿者要充分发挥主观能动性，保持敏捷的反应能力，在短时间里做出准确的判断，从而寻找最有效的解决方案。面对突发灾害、事件，是不容迟疑不决的，必须快速反应，迅速做出判断。突然变化来得快，来得意外，人们不可能了解得很深刻、全面，也无法仔细推敲，但不及时做出反应又可能变得被动，这时必须当机立断，在行动中继续收集信息，观察变化，调整行动方案，以取得成功。面对突发的问题情况，还必须具备准确的判断能力，在准确判断的基础上，建立起决策的整个支持系统。判断准确的基础是掌握真实情况、具有丰富的知识储备和对问题的准确理解，这意味着志愿者在做出任何决策前，必须审查分析所有的事实。准确的判断能力是施展应变能力的基础。

（二）志愿者服务的沟通技巧

志愿者能否与服务对象进行有效的语言沟通与志愿者表达的清晰度、聆听的专注度、反馈的及时性有很大的关系。因此志愿者要提高自身的素养，训练自己的语言沟通能力。

1. 清晰准确表达

（1）声音。与服务对象交流时，志愿者平稳、悦耳的声音能使对方心情愉快。讲话时要保持比较平稳的声调，避免将讲话的力气都集中在嗓子眼，否则过于尖锐的声调会让人觉得难以忍受，同时也不要声调太低，过于低沉的声调让人听起来很累，不要有气无力地说话。控制好音量，太大的音量容易成为交谈中气势逼人的角色，也容易让人反感，而音量太小会使人显得不够权威，容易被人忽视。保持中等的语速，讲话过快会让人听不清楚，过慢则会让人失去耐心，最好在讲话的过程中留一些停顿，以便让人有一个反应的过程。语气要谦和亲切，在交谈中志愿者说话的口气一定要做到亲切谦和，平等待人，切忌随便教训、指责别人。

（2）发音。在交谈中要求发音标准，读错音、念错字、口齿不清、含含糊糊都让人听起来费劲。交谈中尽量少用方言，在公共场合交谈时，应用标准的普通话，不能用方言、土话，这也是尊重对方的表现。同时慎用外语，无外宾在场时,交流最好慎用外语,否则会有卖弄之嫌。

(3)用语。在沟通过程中多使用敬语"您""您好""请"等。多使用礼貌用语,包括:

欢迎语:见到您很高兴……

问候语:您好/早上好/下午好/晚上好……

祝愿语:祝您观赛愉快……

送别语:再见/慢走……

征询语:需要我的帮助吗?/有什么可以帮到您?……

应答语:好的/是的/马上就好/很高兴能为您服务/我会尽量按照您的要求去做/这是我们应该做的/不要紧/没有关系……

道歉语:对不起/很抱歉/请您谅解/这是我们工作的疏忽……

答谢语:谢谢您的夸奖/谢谢您的建议/多谢您的合作……

指路用语:请这边走/请往左边拐……

2.主动积极聆听

(1)积极倾听。志愿者在和服务对象交流时,要耐心地倾听对方谈话,并表示出兴趣,同时发出认同对方的"嗯……""是……"之类的声音,但不打断对方的话,等到对方停止发言时,再发表自己的意见。切忌左顾右盼、心不在焉,或不时地看手表、伸懒腰等。

(2)主动体察。要善于回应对方的感受,如果服务对象为某事特别忧愁、烦恼时,就应该首先以体谅的心情说:"我理解你的心情,要是我,我也会这样。"这么一来,就会使对方感到你对他的感情是尊重的,才能形成一种同情和信任的气氛,从而,志愿者的建议和劝告才能有效果。

3.及时恰当的反馈

(1)善于总结。志愿者在和服务对象谈话时,要善于简单总结对方的内容,讲出对方观点及感受,表示已明白对方感受和说话背后的含意。

(2)有效提问。有效地提问能帮助志愿者获取更多的信息和细节。提问有封闭式提问(指提问时,给对方一个框架,让对方在可选的几个答案中进行选择)和开放式提问。在和服务对象沟通的过程中,志愿者可多用开放式提问。

(3)换位思考。志愿者在服务过程中面对服务对象的不满和抱怨,要耐心解答,要懂得换位思考,设身处地为服务对象着想,耐心解答问题的过程就是服务对象情绪的润滑剂。

4.沟通时注意事项

志愿者在与他人沟通时,还要注意一些雷区避免进入:

(1)坚持"六不问"原则。年龄、婚姻、住址、收入、经历、信仰属于个人隐私的问题,在与人交谈中,不要好奇询问。

(2)不要一个人长篇大论。交谈讲究的是双向沟通,因此要多给对方发言的机会,不要只顾一人侃侃而谈而不给他人开口的机会。

(3)不要冷场。不论交谈的主题与自己是否有关,自己是否有兴趣,都应热情投入,积极合作。万一交谈中出现冷场,应设法打破僵局。常用的解决方法是转移旧话题,引出新话题。

(4)不要插嘴。他人讲话时,不要插嘴打断。即使要发表个人意见或进行补充,也要等对方把话讲完,或征得对方同意后再说。对陌生人的谈话是绝对不允许打断或插话的。

(5)不要抬杠。交谈中,与人争辩、固执己见、强词夺理的行为是不可取的。自以为是、无理辩三分、得理不让人的做法,有悖交谈的主旨。

(6)不要否定。交谈应当求大同,存小异。如果对方的谈话没有违反伦理道德、侮辱国格人格等原则问题,就没有必要当面加以否定。

(7)把握交谈时间。一次良好的交谈应该注意见好就收,适可而止。普通场合的谈话,最好在30分钟以内结束,最长不能超过1小时。交谈中每人的每次发言,在3~5分钟为宜。

(8)避免低声耳语。如果多人交谈时,你只对其中一人窃窃私语,会给其他人造成你正在评论他们的印象,这种时候低声耳语会让其他人觉得你排斥了他们。

（9）不要过分谦虚。受到表扬的时候，可以把自己快乐的心情直接告诉对方，比只是谦虚效果好多了，这时候，空气中都会充满了幸福的感觉。

（10）不要挑剔别人的毛病。如果总是挑剔别人的毛病，被你挑毛病的人就会心情很差，应该从积极的角度思考，正确理解对方的想法和心情。

（三）志愿者工作的合作技巧

1.志愿服务团队合作能力的素质要求

志愿服务往往涉及多人参与，这就要求志愿者需要具备良好的团队合作精神和沟通协调能力，具体来说，应具备如下几方面的能力：

（1）良好的团队精神。团队指一种为了实现某一目标而由相互协作的个体所组成的正式群体。为了实现团队目标，团队成员必须同心协力、真诚合作。这种团结协作的精神就是团队精神，其主要表现为大局意识、合作精神和服务精神。在志愿服务过程中，对于每一位志愿者来说，不仅要有个人能力，还要有在不同的位置上各尽所能、与其他成员协调合作的团队精神。只有发挥团队合作精神、互补互助，志愿者团队才能高效有序运作，发挥最大工作效率，不断提升服务质量。

（2）良好的协作意愿。团队力量大于个人力量，团队协作能激发团队成员的潜力。团队合作，最重要的在于价值观的认同和相互信任，相同或近似的价值观，会带来彼此的信任和崇敬，而信任会让我们静下心来，真诚地倾听和沟通。因此，在志愿服务过程中，志愿者之间要精诚团结、相互信任、相互帮助，形成服务合力。志愿者与服务对象之间也要坦诚相待、真诚交流，建立良好的信任关系，实现良性互动和双赢，实现志愿者的自我成长与服务对象的认同。

（3）良好的沟通与协调能力。良好的沟通交流和组织协调能力是一个团队中每个成员必备的能力。对团队来说，成员之间有效沟通和协调可以促使团队成为一个紧密结合的有机体，更加富有生命力和战斗力，对个人而言，要想在团队中获得成功，沟通和协调是基本的要求，也是做好事情完成任务、实现团队目标的充分条件。在志愿服务过程中，志愿者之间、志愿者与服务对象之间需要积极沟通和协调,促进相互理解和信任,提升工作效率和质量。另外,在志愿服务过程中,当志愿者之间、志愿者与服务对象之间出现矛盾或冲突时,需要双方耐心细致地沟通协调,积极化解矛盾、处理冲突,保证志愿服务的正常进行。

2.团队合作能力的培养

(1)加强志愿者的管理和考核。在志愿服务开展前的招募和筛选期间,明确对团队合作精神和良好沟通协调能力的具体要求,在面试中重点考察志愿者的团队协作能力。在对志愿者进行岗前培训时,注重团队建设与团队合作能力的培养。另外,在志愿服务过程中,根据志愿者特点合理分配志愿工作,并对志愿服务过程进行有效督导,及时淘汰不合格的团队成员。服务结束后,对在团队合作方面表现突出的优秀志愿者进行表彰奖励,保持其工作热情和团队精神。

(2)开展团队素质拓展训练。团队素质拓展训练是一种以提高心理素质为主要目的、以体验式培训为主要方式、兼具体能和实践的综合素质教育活动。团队素质拓展训练通过精心设置的一系列新颖、刺激的情景和游戏活动,让受训成员主动去体会、去解决问题,在参与体验的过程中,让他们的心理受到挑战,思想得到启发,团体凝聚力得到增强。通过组织志愿者开展团队素质拓展训练,有利于激发志愿者们的潜力,增强志愿者的活力、创造力和团结协作精神,营造"团结、包容、尊重、合作"的志愿服务文化氛围。

(3)创新管理模式与完善工作制度。一是创新志愿者管理模式。打破传统的志愿者管理组织架构,实现扁平化和网络化管理,激发志愿者工作积极性和服务热情。二是加强志愿者团队的标准化建设和文化建设。对志愿团队进行 VI(形象识别)、BI(行为识别)、MI(理念识别)设计,塑造志愿者团队统一整体形象,建立志愿者团队知名度和美誉度,增强团队吸引力。三是完善志愿者管理制度。完善志愿者例会制度、学习制度、考勤制度、活动制度和奖惩制度,促进志愿服务的制度化、规范化。另外,还要加强志愿者骨干队伍建设,通过志愿者领袖训练营、精英训练营等方式,培育一支以资深志愿者为主体的骨干队伍。

（四）志愿者工作的特殊技巧

志愿者除了要掌握志愿服务的一般工作技巧之外，还要掌握一些特殊工作技巧，如应对媒体的技巧、心理技巧等，掌握这些技巧就可以在特殊岗位服务，更好地为特殊人群服务。

1.志愿者应对媒体的技巧

1）应对媒体的态度

针对境外记者大量的个性化采访需求，北京奥运新闻中心工作的原则是做到"四有四不"，即"有求必应、有应必备、有备必给、有给必快""不拒绝、不应付、不回避、不耽误"，对所有的采访申请做到件件有答复，件件抓落实。这种"四有四不"的态度也是志愿者应对媒体的基本态度。此外，志愿者还要注意以下几项应对媒体的态度要求。

（1）充分尊重媒体。记者是新闻媒体的工作人员，以新闻媒体的名义从事采访报道活动，当然也就享有必要的职业权利：采访权、批评或评论权、著作权、与职业有关的人身安全权、履行职责所必需的通讯交通便利等。所以，志愿者应该充分尊重媒体记者的职务行为。

（2）礼貌应对媒体。接受采访前，核实记者身份，了解媒体采访需求。志愿者可根据自身意愿，选择接受或拒绝采访。接受访问时，提供给媒体的信息和内容要客观、准确。增强保密意识，不得向媒体或外界透露工作机密。采访过程中，对于不了解、不便于回答、与志愿者工作无关的问题要礼貌回绝。同时，接受采访时要注意维护志愿者整体形象，以展示志愿者的整体风采。

（3）主动联系媒体。针对媒体追求信息的特点，志愿者可以主动将好的信息呈现给他们，而非躲躲闪闪、缄口不言。故事是最具有感染力和说服力的语言。所以如果要成为一名优秀的志愿者，就要深入了解志愿服务工作，要准备很多有意思的小故事，以随时讲给媒体记者及外国客人听。

（4）适当做好准备。志愿者应了解媒体采访规范，接受相关培训，了解社会志愿者整体情况和专业岗位的服务情况，做好接受媒体采访的准备。同时，在正式接受媒体采访时，也要有所准备。首先，仪态上要举止自然、大方；其次，要注意语言艺术，做到用语礼貌，说话简明扼要，条理清楚、重点集中，让人既一听就懂，又难以忘怀，不要卖弄口才、口若悬河。

（5）遵守组织管理。工作时间不宜接受正式采访，如确有需要，经请示志愿者所在业务口负责人同意并安排替岗人员后，方可接受采访。采访结束后应及时将采访情况向志愿者业务口负责人反馈。

2）志愿者识别媒体的技巧

志愿者们不仅要面对大量的省内、国内媒体记者，还要面对大量的境外媒体记者。因此，志愿者们应掌握一定的识别媒体的技巧，有效地为媒体提供恰当的服务。

（1）了解境外媒体的性质特点。志愿者在服务的过程中，要注意以下两点。

一是要了解境外媒体的政治倾向。要弄清楚所应对的媒体是不是合法媒体，还要明白所应对的媒体所属的政治势力是什么党派、什么利益集团，谁提供资金给它，等等。另外，还需要明白它对我们中华民族是不是友好的。

二是要了解境外媒体实际影响如何。要明白这个媒体是不是主流媒体，是官方媒体还是民间媒体。

（2）熟悉不同记者的身份性质。媒体记者按活动范围和业务分工大体分为专业记者、特派记者、地方记者、特约记者等类别。

专业记者是专门采访报道某一行业或某一战线的记者。专业记者的最大特点是"专"。他们在自己分工的那个方面掌握着较多的专业知识，并有一定的研究、有独到的见解。经过几十年的发展，中国新闻节目形态逐步得到完善，如有经济新闻、娱乐新闻、体育新闻节目等，相应地就产生了财经记者、娱乐记者、体育记者等。

特派记者是因特别的采访任务受编辑部派遣的记者，跟一般记者相比，他们的业务水平、活动能力以及身体状况都比较强。特派记者的编制属于编辑部,是报社、通讯社、电台或电视台内的工作人员。

为了全面及时地报道媒体编辑部驻地以外的新闻,新闻部门往往会派出记者常驻某地,或者在某地建立记者站,为编辑负责完成当地新闻报道的任务。这些驻外地的记者一般被称为地方记者,如人民日报、新华社以及中国青年报等都在各省建立了自己的记者站。

新闻单位为某项重要的采写任务而约请外单位的人员来完成,而给以被约请人员特约记者的称号。特约记者采写的稿件一般都比较重要且富有特色。由于特约记者在该新闻单位里没有编制,所以不领取该新闻单位的工资(稿费除外),他们通常还在原单位领工资。

2.志愿者工作的心理技巧

1)为老年人服务的心理技巧

志愿者在服务老年人时,须先了解老年人在进入老年期后在生理和心理上的变化,以及各种老年人所面对的问题及需要。充分了解老人们的情况,才能与他们进行顺利的沟通并提供贴心周到的服务。

(1)了解老年人的生理、心理变化。老年期的生理变化:人在年老过程中都有一系列的老化性改变,这些都是正常的生理变化。年老后最明显的改变包括听觉能力退化,神经系统退化(记忆力、思考、学习力下降,说话及反应缓慢),视力衰退,呼吸系统老化(气喘),骨质疏松,心脏及血管系统、消化系统及泌尿系统功能减弱,关节活动能力减低等。

老年期的心理变化:老年期的心理伴随生理功能的减退而出现变化。老年期也是人生一个特别阶段,有很多变化或变故,如退休、健康衰退、丧偶、子女结婚等都会对老年人构成心理上的影响,当然这些心理上的改变会因个人适应能力不同而有所分别。一般常见的老年期心理改变有变得比较内向、自我中心倾向会比较强烈,对新生事物的接受能力会降低,常存怀疑,缺乏热诚的心态,比较关注自己的健康状况。老年人短期记忆能力会降低,行为表现为啰唆、反复,容易遗忘事情或东西,而长期记忆往往能够保持,所以怀旧情结较浓。老年人要面对退休及亲友相继去世,常感到无助及恐惧。生活圈子较为狭窄,往往就只有他们的配偶、亲人和几名相交多年的好友。老年人因子女成长、结婚离开原生家庭,会成为"空巢老人"。

(2)掌握与老年人沟通的方法技巧。与老年人沟通交流时,注意使用以下的方法:保持目光接触,坐姿距离须留意老年人的听觉敏锐程度;应用手势、表情、物品及图书作辅助;不时轻触老年人的手或肩膀,表示肯定、响应和关怀;说话的速度要慢,语调平稳,句子要精简直接;发问时,只提出一条问题,忌问多重问题;宜用选择题或是非题模式发问;可重复句子或问题的最后部分,表明已听清;适当地运用回馈,不明白老年人说话时,要跟他/她澄清;保持忍耐。

与老年人沟通的忌讳:在嘈杂环境中与老年人交谈;同一时间多人与老年人说话;催促老年人或急于代老年人作答;突然转换话题;取笑老年人;与老年人争辩;向老人大声呼叫或故意做夸张的嘴唇或口部的动作。

2)为残疾人服务的心理技巧

(1)了解残疾人的心理特点。残疾人是指在心理、生理、人体结构上,某种组织、功能丧失或者不正常,全部或者部分丧失以正常方式从事某种活动能力的人。残疾人包括视力残疾、听力残疾、言语残疾、肢体残疾、智力残疾、精神残疾、多重残疾和其他残疾的人。残疾人除具有人类共同的心理特点外,还有特殊的心理表现,且随着残疾类别、程度、发生年龄及残疾年限的不同而有所不同。

首先,残疾人在认知方面具有片面性。不同的缺陷会影响人的认知能力和认知方式。如盲人由于视力障碍,尤其先天视力残疾,缺乏甚至没有视觉空间概念,没有视觉形象,没有周围事物的完整图像。而在另一方面由于没有视觉信息的干扰,形成了爱思考、善思考的习惯,相应地抽象思维和逻辑思维就比较发达。同时由于他们的语言听觉能力较发达,而且记忆力比较好,所记的词汇比较丰富,也形成了盲人语言能力强的特点。许多盲人给我们一种语言生动、说理充分的印象。聋哑人因缺乏或丧失听力,他们和别人交往不是靠听觉器官和有声语言,而是靠手势。他们的形象思维非常发达,逻辑思维和抽象思维就相对受到影响,特别是先天失聪者。聋哑人视觉十分敏锐,对事物形象方面的想象力极为丰富。行为和人格偏离的患者,由于情绪不稳定,情绪的自我调节和自我控制能力差,其认知特点主要是现实性较差,容易离开现实去考虑问题,带有浓厚的幻想色彩,表现出明显的片面性。

其次,残疾人在情感方面具有复杂性。残疾人普遍存在孤独感。由于生理方面的某些缺陷,残疾人的行动受到不同程度限制,心理上容易受到挫折。残疾人的活动场所少,且在许多场合常常受到歧视,他们更宁愿待在家里,这样很容易产生孤独感。残疾人自卑与自尊同存,因为他们在生活和就业等方面所遇到的困难远比普通人要多,且难以得到足够的理解和帮助,甚至常常受到厌弃与歧视,极易使他们产生自卑情绪,但同时又有很强的自尊心。残疾人对外界的事情比较敏感,情绪反映强烈,如聋哑人情绪反应强烈、频率高、持续时间短,往往很容易发怒。有的残疾人以爆发的方式宣泄情感,有的则将深刻而持久的内心痛苦隐藏在心,表现为无助与自我否定。残疾人由于自身的疾患,往往对残疾同伴怀有深厚的同情,这种同病相怜的情感使同类残疾者容易结为有限的社会支持网络,甚至形成依恋。此外,有相当一部分残疾人身残志不残,具有强烈的自强自主精神。他们不愿靠别人的帮助和施舍生活,他们有坚强的毅力,付出比常人多得多的努力学会新的求生本领,除解决自己的生活问题,还能为社会创造财富。

最后,残疾人在性格方面具有特殊性。不同残疾人由于残疾情况不同,对社会的了解和理解不同,会形成特殊的性格特点。例如:盲人一般都比较内向、温文尔雅,内心世界丰富,情感体验深刻而含蓄,很少爆发式的外露情感,善于思考探索;聋哑人则比较外向,情感反应比较强烈,豪爽耿直,看问题容易注意表面现象;肢体残疾者主要表现为倔强和自我克制,他们具有极大的耐心和忍辱精神;智力残疾者由于整个心理水平低下,难以形成较完整的性格特征。

(2)与残疾人沟通、服务的技巧。初次见面打招呼要主动握手,即便对方伸出来的是假肢;说话放松,即便不小心说错话也不要显得太不自然;服务残疾人之前,要倾听残疾人的要求,征得本人同意再实施帮助和服务;如果援助意图不被对方接受,不要坚持;不要第一次见面就询问残疾人致残的原因;不要上前主动帮助、搀扶;不要过分强调残疾人的特殊性,不要用"正常人"来反衬残疾人;助残要适度,不要疏远冷漠,也不要热情过度。

走近盲人时,2 米左右要发声打招呼,不要不吭声靠得太近;参加盲人的活动要做简单自我介绍,让盲人通过声音认识你;不要抚摸或者分散导盲犬的注意力,不要触摸盲杖;离开时要告知盲人;引路时,先征求同意,询问习惯以及有无特殊要求,让盲人站在右侧以便保护;走近楼梯前先要告知盲人有几级台阶;让盲人入座时将盲人一手放在椅背上一手放在椅子前面的桌子上,让盲人自行坐下;吃饭时,先帮盲人触摸餐具,尽可能详细地介绍菜肴,取菜时要征求意见,每次取一两种菜吃完再取,不要一次取太多。

对待聋哑人士时,志愿者要随身带纸笔;交谈时要正视对方,不要盯着手语翻译(如果有);笔谈的同时要吐字清楚、简明扼要、面带表情;社交场合有聋哑人在场,尽量把健全人的谈话内容转达,不要让聋哑人有被孤立的感觉。

对待肢残人士时,不要过多注意肢残人士的残障部位;拍照时尽量避免对残障部位的特写拍摄;推轮椅前一定征得同意,不要随便触碰;推轮椅速度适中,不要倚靠轮椅;与坐轮椅的人士长时间谈话要蹲下来;不要拍轮椅使用者的头或肩;主动帮助开门;不要扶架拐的残疾人,上楼时走在前面,以免走在后面给走得慢的残疾人压力。

对待有认知障碍的人士时,自己说话要清楚明了,并给服务对象留询问时间;对方说话时要注意力集中,确认听明白;有耐心,不催促,不要替对方把没说完的话说完。

3)为离异家庭子女服务的心理技巧

和正常家庭相比,离异家庭儿童更容易受心理健康问题的困扰,其原因是显而易见的,父母的离异造成家庭的破碎,在这种"残缺型'家庭中生活,不可避免地会在心理上造成严重的消极影响。

(1)离异家庭子女的心理特征。产生强烈的自卑感、被遗弃感、怨恨感等消极情感。离异家庭的子女在家庭中得不到父母离异之前那种完整的温馨亲情，在学校里又常常受到同学的轻视，甚至讥笑和嘲弄，社会的传统偏见和舆论又往往使得他们抬不起头，因此他们为父母的离异感到羞耻，觉得低人一等，产生了强烈的自卑心理。

出现较严重的性格缺陷，个性的形成和发展受到严重的影响。儿童的个性是在生活过程中形成的。成人的态度和行为直接影响着儿童性格的形成。离婚的家庭容易给孩子造成心理创伤，甚至导致孩子形成不良性格。有的孩子因缺乏父母的关爱而逐渐形成孤僻、怯懦的性格；有的孩子由于长期生活在争吵打骂的环境中变得情绪暴躁，容易形成蛮横粗野和冷酷的性格；有的孩子由于对家庭、父母感到失望而逐渐产生悲观厌世心理。这些消极的性格特征最终影响到孩子们的人际交往、同伴关系，造成人际交往的障碍。

缺乏自信心，问题行为的发生率较高。由于父母离异，完整家庭教育的缺少，单亲家庭的孩子往往缺乏良好的生活教养和学习指导，加上破裂家庭给他们的心灵带来的伤害，容易导致他们丧失自信心，出现学习和生活适应不良现象，问题行为发生的概率较高。

离异子女的心灵创伤持续时间较长，难以平息和恢复。父母离异给孩子造成的心灵创伤往往要持续很长时间。有关资料表明，离异家庭子女中有37%的孩子在父母离异5年后心灵上依然创伤未愈；另有29%的孩子正处在勉强对付、努力熬过艰难的时期。这说明离婚给孩子造成的心灵创伤在短期内是难以恢复和抚平的。

（2）帮助离异家庭子女解决心理问题的技巧。用爱心唤醒他们的热情。离异家庭的孩子需要爱，需要别人的关怀和体贴。因此，作为一名志愿者对离异家庭孩子给予最大的帮助就是——给他们爱。爱的表达方式有许多种，例如：在生活上关心他们；在情感上支持他们；和他们一起分享痛苦和快乐；关注和尊重他们的感受；和他们做知心朋友；等等。

用理解剔除他们的偏激。离异家庭的孩子在家庭出现变故后，心理难免失衡，往往比较偏激，有时也会有过激行为。志愿者在服务他们的过程中，要给予他们充分的理解和尊重,在遇到问题时,要尽量倾听他们的想法和心声,了解他们的内心世界,然后再下结论,并帮助他们解决问题。也可以就某些事情经常和他们探讨,交流想法,获得他们的认可和信任;引导他们以积极健康的心态面对生活,使他们更好地融入同龄人中,杜绝他们的偏激行为。

用鼓励驱除他们的自卑。离异家庭的孩子思想负担重,往往有自卑心理。志愿者要努力发现孩子的闪光点,适时地对学生进行鼓励。因为鼓励能驱除消沉者心灵的阴霾,使他们看到生活的希望;鼓励能消融自卑者心灵的雾障,使他们信心大增。在志愿服务过程中,志愿者要善于发现离异家庭孩子身上的闪光点和能力特长,鼓励他们参与各项社会活动,在活动中发挥自身潜能,培养他们自信心和责任感。一个充满鼓励的眼神,一声发自内心的赞许,一份满怀希望的期待,都有可能改变孩子的一生,让孩子们的生命展示新的亮丽色彩!

📖 榜样故事

专业志愿者组织,新冠疫情中的"英雄"

在战"疫"志愿行动中,专业志愿力量体现了自己的价值。

2011年以来,壹基金本着属地救援的策略,在全国19个省份建立起社会组织协同救灾机制。2020年1月22日,壹基金迅速启动响应机制,在筹备一线医护和执勤人员的防护物资、检测试剂盒、医疗设备以及社区防疫和公众在线问诊等方面持续发力,同时联合湖北省内各市县的公益组织,深入当地进行志愿服务。

据统计,截至2020年2月16日,壹基金联合救灾项目中,在湖北省内参与疫情防控的志愿者达1200人。而当外部力量难以进入当地时,这些熟悉本地情况、了解社区需求的当地志愿者成了志愿服务中非常重要的一环。

基金会长期协作的企业联合救灾和应急救援机制也发挥了效用。他们迅速在当地政府领导下开展工作,将企业提供的纯净水、安心裤等物资,以及免费的物流运输服务,第一时间用在救援服务中。

中国蓝天救援队(见图5-5,中国民间专业、独立的纯公益紧急救援机构,成立于2007年)也出现在疫区一线。淄博市蓝天救援队副队长李华此次带队总计21人,前往武汉执行任务,其中一部分负责物资搬运,还有一部分负责消杀任务。参与过上百次救援任务的李华,曾于去年接受过核放生化危机应对培训,在这次志愿服务中起到了很大作用。

图5-5　中国蓝天救援队

活动实践

活动1　社会实践:志愿服务进社区、进乡村

【活动目标】

1.走入社区、乡村,增进对社会的了解与认识,理解个体与社会的关系。

2.关心社会现实,主动探究社会问题,积极参与力所能及的志愿服务活动,服务社会,发展社会实践能力。

3.了解与认识志愿服务和相关流程,端正劳动态度,形成良好的劳动习惯。

4.遵守社会行为规范,养成社会交往能力,关心他人,关心社会,具有服务社会的意识和对社会负责的态度。

5.开展问题探究,体验探究过程,对在劳动中发现的社会问题和自我问题进行深度探究,养成主动探究的习惯,形成问题意识,发展探究能力和创新精神。

6.学会常用工具的使用。

7.体会劳动创造整洁环境的满足和快乐。

【工具使用】

扫帚、拖把、抹布、垃圾袋、笔、本子、小型麦克。

【参加人员】

全体学生。

【活动设计】

（一）前期宣传

组织发动以"参与志愿服务,感受劳动精神"为主题的活动课,让学生了解此次活动的目的、内容及意义,让学生更好地融入志愿服务、了解志愿服务,增进对志愿服务的了解,把握个体与社会的关系,使自己将来更容易融入社会。

（二）成立小组

在活动前成立各个小组,确立各小组组长。各小组通过此次活动的目的及时讨论并研究出具体的行动方案,明确各个成员的任务,做到行动明确、迅速,展现当代学生的精气神。

（三）具体活动形式

1.访谈

该活动由一组成员全权负责,针对社区各个阶层、各个年龄段做抽样调查,询问不同阶层最迫切需要的服务项目,调查人员做好记录并与负责人及时反映,使问题尽早让负责人知道并及时得到处理。

2.温暖献爱心

该活动针对那些社区和乡村的空巢老人及留守儿童。走进他们的心中,为他们送去一丝温暖。此项活动不限人数,让学生活动设计真正走进空巢老人家中,与他们面对面交谈,与留守儿童做游戏,尽自己的绵薄之力为他们整理家中杂物或者清扫所住区域的公共区域的卫生,使空巢老人及留守儿童感受那份来自学生的温暖。

3. 社区及乡村劳动

此活动人数不限,意在走进社区和乡村、服务社区和乡村、劳动社区和乡村,在社区和乡村的角角落落留下自己忙碌的身影。清扫街边卫生,拖抹公共区域,为社区和美化贡献自己的一份力量。

(四)活动总结

活动结束后,开展"劳动社区和乡村心得体会"共享课。每名成员都可以分享此次活动的心得体会,并把此次心得体会整理成文字稿件上传。在分享此次活动心得的同时,要找出此次活动的不足之处,在以后的实践活动中不断吸取经验提升自己。

【安全保护】

1. 乘车安全

做到上、下车安全有序,不拥不挤。遵守乘车秩序,不将身体任一部位伸出车外。

2. 人身安全

各小组组长要求落实到位,做到行动一致,防止掉队或离队。储备医疗包一个,以备不时之需。

【活动实施】

1. 召开班级动员,讲清本次活动的意义和注意事项。

2. 确定活动区域。选定校园周边或社区、乡村服务点,开展活动。

3. 划分活动小组,组长将任务分解并对组员进行分工。

4. 做好志愿者宣传活动的准备,如传单、纸笔、遮阳伞、桌椅、服装等。

5. 在教师的指导下,各组统一行动。

6. 按照任务分工,开展活动。

7. 活动结束,收拾好所有物品,返回学校。

【考核评价】

　　将自己的活动照片及心得体会做成一份实践报告,小组内做一份小组整体的实践报告并上交于组织,经组织筛选后上交于学校,由学校选出优秀个人及优秀团体,给予学分及证书奖励,以此鼓舞更多的学生参与到服务实践活动中。

【总结反思】

活动总结	
我的收获	
我的不足	
改进措施	

【评一评】

评价项目	评价主体		
	自我评价	小组评价	教师评价
出席率			
守时			
责任感			
乐助性			
投入感			
工作效率			
与服务对象的关系			
与其他志愿者的关系			

　　注:评价等级为 A—优秀,B—良好,C—合格,D—不合格。

活动2 文明引导，从我做起

【活动目的】

1. 理解志愿服务的内涵与意义。

2. 了解大学生志愿服务的形式。

3. 掌握大学生志愿服务的技能与技巧。

4. 能够策划志愿服务活动。

【活动地点】

学校附近小学。

【活动培训】

文明引导员代表着一个城市的形象、体现了一个城市的文明程度。文明引导员的作用就是用温情的引导方式，力争让每一个做出不文明行为的市民，都能认识并纠正自己的错误。

一、公共环境文明引导员职责

1. 佩戴志愿者统一标识。

2. 劝阻乱扔杂物、随地吐痰、损坏花草树木、在禁烟区域内抽烟等不文明行为；协助捡拾地面、绿岛内的纸屑、烟头等杂物。

3. 发现乱张贴、乱涂写、乱设广告牌、占道经营等不文明行为及时劝阻。

4. 协助清理、劝阻非机动车乱停乱放、占用盲道等不文明行为。

5. 引导市民爱护公共设施，发现道路名称与道路基础设施缺失、损坏、侵占及时反馈上报有关部门解决。

6. 注重形象，保持自身的良好文明修养。

注：公共环境包括广场、公园、旅游景区、车站、码头、赛场等公共场所环境，主干道、非主干道、商业大街、背街小巷等街巷环境，小区环境。

二、公共秩序文明引导员职责

1. 佩戴志愿者统一标识。

2. 交通路口引导员：手执"文明引导旗"站立在慢车道斑马线一侧协勤；

协助交通警察引导人、车各行其道,严格遵守"红灯停、绿灯行"交通法规;劝导行人乱穿马路不走人行横道线、翻越栏杆等不文明行为,主动帮助行动不便者过马路。

3. 车站引导员:引导乘客遵守秩序、排队候车、依次上下车;引导人们对老、弱、病、残、孕等需要帮助的人主动礼让,不争抢座位;劝导在公共场所吸引现象。

4. 剧场、赛场引导员:协助维护入场、退场秩序;引导文明观影、观赛。

5. 注重形象,保持自身的良好文明修养。

【活动准备】

1. 准备交通引导所需物品和工具(小黄帽、志愿者马甲、文明引导旗等)。

2. 提前与交警、小学相关部门沟通,获得允许与支持。

3. 在老师的指导下,明确交通文明引导员岗位职责与注意事项。

4. 确定活动人员、位置及时间安排。

5. 准备手机或相机。

【活动过程】

1. 小学放学时,头戴小黄帽,身穿志愿者马甲,手持文明引导旗,站立在慢车道斑马线一侧的台阶上执勤。

2. 有序疏导放学的学生、接送孩子的家长快速撤离。

3. 协助交警引导人、车各行其道,严格遵守交通法规。

4. 劝导行人不乱穿马路,过马路要走人行横道,不翻越栏杆。

5. 提示车辆礼让行人。

6. 活动结束前,在小学门口安全的位置拍照留影。

7. 活动结束后,收拾好物品,安全返回。

8. 整理活动体会,并在小组中分享。

【活动安全】

1. 维持交通秩序的过程中,务必注意自身安全。

2. 遇到问题,请交警帮助解决,注意举止文明。

3. 活动结束返回时,注意交通安全。

4. 活动期间要学会使用自己的指挥棒、反光衣物等,提醒周围车辆。

5. 在对他人进行劝阻时,要动之以情、晓之以理、语气合适,对不理解的同志要多番解释,切勿与他人起争执,如遇困难可根据情境迅速与值班交警联系。

【总结反思】

活动总结	
我的收获	
我的不足	
改进措施	

【评一评】

1. 小组内进行合格评审,每个人都应由其他人举手表决是否合格进行了活动。不合格者视为未完成活动,取消奖励。(审评包括:值班期间要着装整洁、得体、大方,佩带好志愿者马甲、帽子、袖标和小红旗;保持良好形象,不可随意倚靠或坐卧,不可互相嬉笑打骂、交头接耳、玩手机,不可上岗迟到、早退,服务时态度生硬、表情僵硬以及缺乏主动、消极怠岗。同时注意保护自己和同行志愿者的人身安全)

2. 组内通过轮流发言对自己进行总结,并最后由小组推选一名评为优秀志愿者。

3. 汇总各小组优秀志愿者事迹及报告,上交学校,由相关领导进行复审;每个小组还应上交小组实践报告,同样上交学校,评出优秀小组。

4. 评选完后,由相关同学进行汇总,并以公众号等形式进行宣传,鼓励大家践行劳动精神。

📖 **探讨与思考**

一、选择题

1. 志愿服务的特征包括(　　　　)。

A. 自愿性　　　　　　　　　　B. 无偿性

C. 公益性　　　　　　　　　　D. 组织性

2. 志愿服务原则不包括(　　　　)。

A. 自愿性原则　　　　　　　　B. 公益唯一性原则

C. 效率原则　　　　　　　　　D. 牺牲原则

3. 大学生志愿服务的形式有(　　　　)。

A. 救济型　　　　　　　　　　B. 互助型

C. 公共服务型　　　　　　　　D. 公民参与型

4. 个体从事志愿服务应具备的心态包括(　　　　)。

A. 精神追求　　　　　　　　　B. 社会使命

C. 价值实现　　　　　　　　　D. 实践经验

5. 大学生志愿服务具备的条件不包括(　　　　)。

A. 热爱公益事业　　　　　　　B. 艰苦朴素,谦虚谨慎

C. 不计较个人得失　　　　　　D. 获得个人荣誉

二、填空题

1. 中国青年志愿者协会将志愿精神概括为四个方面:＿＿＿＿＿＿＿＿、

＿＿＿＿＿＿＿＿、＿＿＿＿＿＿＿＿、＿＿＿＿＿＿＿＿。

2. 从志愿者角度看,志愿精神就是＿＿＿＿＿＿＿＿,从志愿者与服务对象的关系角度看,志愿精神可以理解为＿＿＿＿＿＿＿＿,从志愿服务的社会价值角度看,志愿精神可以理解为＿＿＿＿＿＿＿＿,从人类社会发展的角度看,志愿精神可以理解为＿＿＿＿＿＿＿＿。

3. 社区公共服务,一般指的是现代社会为了＿＿＿＿＿＿＿＿,以及＿＿＿＿＿＿＿＿,如社区保安、物业管理、保洁、绿化等工作。

4. 在志愿者从事志愿服务工作时,必须掌握一些通用的工作技巧,如_____、_____、_____等,这些技巧无论对于志愿者做哪一项志愿工作都有着十分重要的作用。

5. 志愿服务往往涉及多人参与,这就要求志愿者需要具备_____。

三、简答题

1. 大学生志愿服务有哪些形式?

2. 从事大学生志愿服务需要哪些条件?

3. 从事大学生志愿服务需要的技巧?

第六章　社会调研与体验

学习目标

知识目标

1. 了解社会调研的基本知识
2. 了解"三下乡"实践过程
3. 认识假期兼职的意义

能力目标

1. 参加至少一项社会实践活动
2. 能够撰写社会调研报告
3. 能够撰写社会实践报告

思政目标

培养大学生的社会责任感与担当

2020年7月27日至29日,南阳理工学院计算机与软件学院创新大学生暑期社会实践启动了,该学院组织师生赶赴内乡县余关镇子育村,参观子育村脱贫攻坚博物馆,听党支部书记讲述扶贫故事,并到易地搬迁幸福大院开展敬老慰问。社会实践队员们也发挥专业所长开展科技志愿服务,为村民义务维护电脑,普及电脑知识,还向村里的学生宣传教育资助政策和防溺水知识,给贫困家庭学生送去了学习用品。队员们还利用抖音和Bilibili等视频平台,以直播的形式宣传子育村的核桃基地,帮助村民拓宽农产品销售渠道,让更多的人感受子育村的美丽面貌。

第一节 社会调研概述

一、社会调研的基本知识

(一)社会调研的含义和特征

社会调研是深入社会、深入群众了解收集有关研究领域资料的方法。它从研究课题的需要出发,有目的、有计划地深入到社会实践中,具体了解收集群众的生产经验和生活状况,获取第一手材料,为科学研究奠定信息基础。在现代社会中该法对于一切科学研究都有普遍意义,尤其对社会科学研究更为重要。马克思主义十分重视社会调查方法,把它看成是研究社会问题的基本方法。

要正确有效地进行社会调查,应该注意以下几点:第一,要有正确的指导思想。坚持唯物主义反映论,反对唯心主义先验论,坚持一切从实际出发和实践第一的观点,反对主观主义。第二,要制定调查纲目。不能盲目进行,必须围绕课题需要,有明确的调查要求。第三,要有深入实际的作风。深入群众,放下架子,眼睛向下,甘当群众的小学生。第四,要有科学的态度。坚持实事求是,力求全面、真实、准确地反映现实,不能任意取舍,要有一定的理论水平和科研能力,保证做出科学分析,得出真实的结论。

社会调研是一种系统的认识活动,它具有一定的结构和程序,而不是像日常生活中的观察那样,盲目地、零乱地被动地去认识。社会调研是一种既包括资料的收集工作,又包括资料的分析工作的完整的社会研究类型。

(二)社会调研的程序

对某一情况、某一事件、某一经验或问题,经过在实践中对其客观实际情况的调查了解,将调查了解到的全部情况和材料进行"去粗取精、去伪存真、由此及彼、由表及里"的分析研究,揭示出本质,寻找出规律,总结出经验,最后以书面形式陈述出来,这就是调研报告。

调研报告的核心是实事求是地反映和分析客观事实。调研报告主要包括两个部分:一是调查,二是研究。调查,应该深入实际,准确地反映客观事实,不凭主观想象,按事物的本来面目了解本质,详细地占有材料。研究,即在掌握客观事实的基础上,认真分析,透彻地揭示事物的本质。至于对策,调研报告中可以提出一些看法,但不是主要的。因为,对策的制定是一个深入的、复杂的、综合的研究过程,调研报告提出的对策是否被采纳,能否上升到政策,应该经过政策预评估。

1. 确定课题

(1)明确研究方向。

(2)课题选择决定调查研究的价值。

(3)决定着调研方案设计和实施过程。

2. 查找相关资料

(1)深入研究课题,对所调查研究的领域要有一定程度的了解。

(2)研究资料以便确定研究的大致方向。

（3）借鉴前人的经验成果,注重发掘新领域,突破创新。

3. 拟定调研提纲,制定实施方案

（1）在对课题已经有了充分了解的基础上,制定一个好的调研计划决定着整个调研的质量具体包括:调研的目的、确定调查的目标群体、确定调查方法、确定调查工具的使用、初步拟定想要调查那些方面的内容,想要获取哪些数据。

（2）人员安排。

（3）时间安排。

4. 调研的具体实施

1）问卷法

根据提纲的内容要点设计问卷。

基本格式:调研课题题目、简要说明情况、主题问卷、调查单位。

问卷要求:

（1）语言通俗、简洁,语句通顺。

（2）问题要切合提纲,不要遗漏要点。

（3）问题要由浅入深,层层深入,尽量客观全面,不要带有偏向性。

（4）客观题答案要符合实际;穷尽性、互斥性;不要有偏向性。

（5）尽量缩短篇幅,避免重复繁琐。

（6）适当加入主观题。

问卷设计好可小范围内试做,分析出现的问题,有针对性地进行修改发放和回收问卷。

2）访谈法

访谈的种类:标准化访谈、非标准化访谈、个别访谈、群体。

访谈实施:

（1）确定适当的访谈方法,制定访谈提纲。

（2）确定合适的调查群体,并将调查主题事先通知调查对象。

（3）选好访谈的具体时间、地点和场合。

（4）作好访谈的记录工作。

3）个案调查

（1）确定调查个案。

（2）尽可能搜集有关个案的各种资料。

（3）在调查的基础上，进行分析和研究，找出问题所在。

（4）针对问题提出改进的建议和方案。

4）回收处理信息

录入数据，用数据分析软件进行数据处理。

数据结果可以适当地配上一些图表。

整理文字信息资料，分类归总。

5）调研报告的撰写

要求：客观性、针对性、实证性、实效性。

报告的结构：

（1）调研的背景、目的和意义。

（2）对调研对象基本情况的说明，调查方法的说明。

（3）内容分析，反映基本情况、情况，透析原因。

（4）调研总结重在找出对策，提出建议；或是阐明影响。

（5）可在调研报告后面附上问卷，统计数据及访谈笔录等。

（三）社会调研的方法

1. 常用的社会调研方法

1）问卷调查法

掌握问卷调查的含义；问卷的基本结构；问卷设计的总框架；重点掌握问卷语句的类型，设计中应注意的问题，语句如何避免诱导性，重点掌握如何对敏感问题进行处理；问卷答案的设计中两种回答方式的优缺点，封闭式问题的分类。

2）访谈法

访谈法可以分为不同的类型：

（1）根据研究者与被研究者交流的方式，可分为直接访谈和间接访谈。

（2）根据访谈的人数，可分为个别访谈和集体访谈。

（3）根据访谈过程中可控制的程度可分为结构性访谈、半结构性访谈、无结构性访谈。

访谈法完成的步骤：

（1）访谈准备。

（2）进入访谈。

（3）访谈过程的控制。

（4）结束访谈。

（5）访谈记录与资料整理。

访谈法的类型：

（1）根据研究者与被研究者交流的方式，可分为直接访谈和间接访谈。

（2）根据访谈的人数，可分为个别访谈和集体访谈。

（3）根据访谈过程中可控制的程度可分为结构性访谈、半结构性访谈、无结构性访谈。

3）观察法

掌握观察法的含义，类别，基本原则和特点。

4）文献法

掌握文献和文献研究的含义；重点掌握文献研究的特点和作用；文献的定性研究的特点和步骤；文献的内容分析的含义及步骤；文献定性与定量研究的关系，其他了解。

5）试点调查法

重点掌握试点调查法的含义及特征；试点调查会议调查法. 掌握会议调查法的含义和种类。

2.社会调查研究方法的原则

（1）客观性原则。即收集资料，分析资料以及得出结论都不掺杂研究者的主观因素。

（2）科学性原则。指调查研究必须借助各门科学研究的有关成果而建立起来的具有自我规律的体系。

（3）系统性原则。即要求调查研究要从系统的角度出发，适应对象的特点。访谈法是定性研究最主要的方法。

二、社会调研报告的撰写

（一）调研报告一般格式

1. 标题页

标题页包括封面设计、标题题目、报告人和报告日期。

2. 内容目录

内容目录包括章节标题和副标题，附页码，图表目录和附录目录。

3. 摘要内容

摘要内容包括调研目的、调研方法、主要调研结果、调研结论与建议的简要陈述，以及其他相关信息（如特殊技术、局限、调研背景信息等）。

4. 正文

正文要求根据各自学生实践活动确定调研目的，找出存在的突出问题；存在问题的主客观原因分析；提出解决问题的办法和措施。

5. 分析与结果（详细）

此部分内容应包括调查基础信息和一般性的介绍分析类型，调研分析得出的表格与图形，以及解释性的正文。

6. 结论与建议

调查方法：研究类型、调查问卷设计、特殊性问题或者考虑、样本选择的局限等。附录：可包括调查问卷、技术性附录（如统计工具、统计方法）、其他必要的附录（如调查地点的地图等）。

(二)调研报告的写作特点

1. 写实性

调研报告是在掌握大量现实和历史资料的基础上,用叙述性的语言实事求是地反映某一客观事物。充分了解实情和全面掌握真实可靠的素材是写好调研报告的基础。

2. 针对性

调研报告一般有比较明确的意向,相关的调研取证都是针对和围绕某一综合性或是专题性问题展开的。所以,调研报告反映的问题集中而有深度。

3. 逻辑性

调研报告离不开确凿的事实,但又不是材料的机械堆砌,而是对核实无误的数据和事实进行严密的逻辑论证,探明事务发展变化的原因,预测事务发展变化的趋势,提示本质性和规律性的东西,得出科学的结论。

(三)调研报告写作方法

调研报告一般由标题和正文两部分组成。

1. 标题

标题可以有两种写法。一种是规范化的标题格式,即"发文主题"加"文种",基本格式为"×××(或者单位)关于×××的调研报告""关于×××的调研报告""×××思考(建议、分析、对策研究)"等。另一种是自由式标题,包括陈述式、提问式和正副题结合使用三种。陈述式如《×××的情况调查》,提问式如《为什么×××》,正副标题结合式,正题陈述调研报告的主要结论或提出中心问题,副题标明调研的对象、范围、问题,这实际上类似于"发文主题"加"文种"的规范格式,如《可持续发展重在以人为本——××公司人才困境与出路》等。作为公文,最好用规范化的标题格式或自由式正副题结合式标题。

2. 正文

正文一般分为前言、主体、结尾三部分。

（1）前言。有几种写法：第一种是写明调研的起因或目的、时间和地点、对象或范围、经过与方法，以及人员组成等调研本身的情况，从中引出中心问题或基本结论来；第二种是写明调研对象的历史背景、大致发展经过、现实状况、主要成绩、突出问题等基本情况，进而提出中心问题或主要观点来；第三种是开门见山，直接概括出调研的结果，如肯定做法、指出问题、提示影响、说明中心内容等。前言起到画龙点睛的作用，要精炼概括，直切主题。

（2）主体。这是调研报告最主要的部分，这部分详述调研研究的基本情况、做法、经验，以及分析调研研究所得材料中得出的各种具体认识、观点和基本结论。

（3）结尾。结尾的写法也比较多，可以提出解决问题的方法、对策或下一步改进工作的建议；或总结全文的主要观点，进一步深化主题；或提出问题，引发人们进一步思考；或展望前景，发出鼓舞和号召。

（四）社会调研报告的注意事项

深入社会实践活动开展调研，撰写调研报告是结合理论学习与实践成果体现中的一个重要环节。各实践活动的大学生要结合各自实践工作内容、任务分工和调研项目课题，采取多种形式，深入群众一线开展调查研究，写出调研报告。

1. 深入开展调研

大学生实践活动要结合本专业、本次活动的内容、理论知识、专业技能等深入基层一线，掌握民情，采取走访、座谈、问卷等多种形式，开展具有针对性的调研，广泛听取于群众和一线工作人员的意见和建议，了解和掌握在社会实践活动过程中要研究解决的突出问题。

2. 撰写调研报告

大学生参与社会实践活动要对调研过程中了解的情况进行认真梳理，找出存在问题，分析形式原因，有针对性地提出解决办法，形成有理论、有实践、有深度、有见地的调研报告，杜绝照抄照搬、空对空的现象。

3.开展交流讨论

调研报告形成后,各团队小组认真组织交流讨论,提出修改意见。

📖 榜样故事

26 岁女孩当上湖北省劳模

说起劳模,可能很多人都会在脑海里描摹出一幅"素描像":勤勤恳恳、默默奉献、干了大半辈子的"老黄牛"。可在 2020 年刚刚被评为湖北省劳模的葛钰(见图 6 - 1),却是一个地地道道的"90 后"。26 岁的她,诠释了新时代劳动者的活力和朝气。

图 6 - 1　湖北省劳模葛钰

2019 年 9 月,由湖北省总工会和湖北省国资委联合举办的湖北省勘察设计职工技能大赛上,由铁四院工会推荐的设备处创新成果"路地融合城市之门,智创宜居首善之所"获得工业工程类一等奖(全省仅三项)。项目发布人葛钰被授予"湖北省五一劳动奖章"称号,成为铁四院史上最年轻的女劳模。

作为铁四院最年轻的劳模,葛钰是幸运的,但这一切都是她不断努力后的回报。有句话说得好:成功哪有什么一气呵成的天赋,不过是坚持不懈的水到渠成。

奋进，不负芳华

上得了厅堂、下得了厨房；修得好电脑、查得出异常；晚会舞台"台柱子"，施工现场"女鲁班"。多才多艺、运动达人、热衷厨艺是葛珏的标签，女人的天性和聪慧赋予了她感性，而理工科的背景和环境则赋予了她理性。

她热情，哪里有问题出现，总是第一时间赶去解决；她坚韧，各项工作总是耐心倍至。面对工作压力，她温文尔雅，面对突发状况，她不慌不躁；她爱美，工作再忙，也总保持清爽干练。

作为一名"90后"的高铁、城市轨道交通设计工程师，入职三年，不断成长，从书本到实践，从曾经的懵懂，到如今的独当一面，她不断绽放着青春奋斗的巾帼风采。

创新，点燃青春

参与杭州艮山门动车运用上盖综合开发总图方案设计时，随着工作的不断深入，葛珏开始对动车运用所的工艺布局有了独到见解。她用年轻人独有的奇思妙想，给予项目团队建议，创新性地提出了两级四场的工艺布局，以保证杭州东站及杭州站动车组检修工艺顺畅。

当 BIM 技术进入公众视野，BIM 设计还停留在概念阶段时，她已经提前制订学习计划，参与设备处 BIM 工作室培训，开展了针对艮山门动车运用所虚拟现实技术的工程设计。

虚实结合、数字化可视化仿真工艺齐上阵，综合开发、站城一体多维融合设计并驾行，葛钰所在的项目团队旨在将杭州艮山门动车运用所打造成为一所"智能化高铁 4S 店"。其设计方案实现了上盖开发零的突破，对于铁路行业而言，这是全国首个将动车运用所上盖并采取多层大体量综合立体开发的项目，具有非同寻常的创新和示范价值。

勤奋，成就人生

2017 年入职后，葛珏常驻温州市域铁路项目部现场。

她主动承担本专业绝大多数施工图设计工作，积极配合业主协调相关问题，因为她深知：扎实的设计能力，是工程设计人员的基本功。

七月骄阳似火烧，四院新人练兵忙。温州 S1 线桐岭车辆段配合施工正值伏天，顶着炎炎烈日她拎起电脑就往工地跑。为了避免车辆检修工艺设备安装出现纰漏，她不厌其详地和工人认真核对施工组织方案；为了减少现场专业接口冲突，她耐心细致地与总体组沟通、协调。

配合施工现场，错综复杂的问题不胜枚举。虚心请教，不断累积，这些看似棘手的难题，在她那里变得有条不紊、井然有序。

"既然来了，就不能灰溜溜地离开；既然要做，就要做得漂漂亮亮！"这，就是她心底最朴实的想法。

踏踏实实搞科研，勤勤恳恳为项目，葛珏用三年的奋斗，为自己工作的第一阶段提交了一份完美的答卷。截至 2020 年 5 月，葛钰获得发明专利 8 项，实用新型 2 项，发表论文 2 篇。

人生没有等出来的辉煌，只有走出来的美丽。当打之年，葛珏用信念完美诠释了"巾帼英雄"的风范，用行动展现了"青年劳模"的担当。

在如花般的年纪，如花般的绽放！

第二节　社会实践项目

一、"三下乡"社会实践

为了促进农村文化建设，改善农村社会风气，密切党群、干群关系，深入贯彻党的十四届六中全会精神，大力推进农村精神文明建设，满足广大农民的精神文化生活需求。20 世纪 80 年代初，团中央首次号召全国大学生在暑期开展"三下乡"社会实践活动。1996 年 12 月，中央宣传部、国家科委、农业部、文化部等十部委联合下发《关于开展文化科技卫生"三下乡"活动的通知》。1997 年，"三下乡"活动在全国正式开展。"三下乡"即有关文化、科技、卫生方面的内容知识在农村普及，促进农村文化、科技、卫生的发展。大力开展文化、科技、卫生"三下乡"活动，是我们党全心全意为人民服务宗旨的具体体现。

文化下乡：图书、报刊下乡，送戏下乡，电影、电视下乡，开展群众性文化活动。

科技下乡：科技人员下乡，科技信息下乡，开展科普活动。

卫生下乡：医务人员下乡，扶持乡村卫生组织，培训农村卫生人员，参与和推动当地合作医疗事业发展。

（一）"三下乡"社会实践概述

1. "三下乡"社会实践活动的开展

自中宣部等十部委联合下发《通知》以来，科协系统积极开展"科普之冬""科技之春""科普宣传周（月）""科普千里行""科普百乡行""少数民族科普示范工程"等科技下乡活动。

卫生系统积极送卫生下乡，促进农村卫生事业的发展。各高校系统的大中专学生在文化下乡中发挥了重大的作用，通过"三下乡"实践活动既促进了先进生产力的发展，又帮助和引导大学生按先进生产力发展要求成长成才；既传播了先进文化，又帮助和引导大学生接受先进文化的哺育；既服务了人民群众的根本利益，又服务了大学生的全面发展。

"三下乡"活动把组织活动与机制建设结合起来，既抓住当前效果，也考虑长远利益，通过有效的工作机制，保证"三下乡"，常下乡；把"送"与"用"结合起来，在"用"字上着力，在提高效果上下功夫；把"送"与"建"结合起来，在往下送的过程中，着眼加强阵地队伍设施建设，增强农村经济的造血功能。

文化科技卫生"三下乡"是服务基层、服务"三农"的重要惠民活动，在促进农村经济社会发展等方面发挥了积极作用。活动当天，来自宣传、文化、科技、卫生等数十个部门的专家露天"摆摊设点"，为群众提供党的十八大精神宣传、科技大篷车、医疗义诊、法律咨询等现场服务，并举办医疗讲座、农技推广等培训。中国歌舞剧院为当地群众带来一场精彩的文艺演出。科普图书、医疗设备、电脑、药品等随着慰问小分队,被送进乡村、医院和学校。九部门负责同志还深入农村、社区调研,并慰问老英模、老党员、道德模范代表。

中宣部副部长申维辰在集中服务活动中指出,2013年要按照中宣部等14部门下发的《关于2013年深入开展文化科技卫生"三下乡"活动的通知》要求,加大工作力度,切实负起责任,努力把"三下乡"活动提高到一个新水平。

2."三下乡"的意义

通过"三下乡"活动,我们国家把发展经济、建设小康和扶贫攻坚结合起来,为农村中心工作服务,为农民致富服务;把集中活动与经常工作结合起来,抓好集中活动,发挥示范作用,做好日常工作,满足农民需要;把面上活动与雪中送炭结合起来,突出工作重点,着重帮助贫困地区的农民;通过"三下乡"活动,引导农民解放思想,更新观念,提高素质,增强致富能力;通过"三下乡"活动,使得各部门的业务工作结合起来,服务农民,锻炼队伍,推动部门工作,加强自身建设;培育农村文化市场,制定政策措施,多渠道、多形式,引导扶持农村文化科技卫生事业的繁荣发展。

大学生的"三下乡"社会实践活动尽管涉及面广,内容丰富,但也必须与农村实际需要相结合,在大学生"三下乡"社会实践活动中,大学生可以也应该将自己在校所学的先进科学的生活观念在广大农村传播,他们应该紧密结合所学专业技术知识,在农村开展多种形式的先进科技文化知识和生活观念的宣讲活动。大学生参与新农村建设的进程,为大学生了解中国国情开启了一扇窗口,密切了高等教育与新农村建设的关系,这有益于高教体系建立针对性和切合实际的促进新农村建设的策略和途径,一般学校里面组织的"三下乡"活动形式以支教、调查为主,由于学生在卫生方面不是很成熟地掌握知识,故不为推荐。大学生可通过"三下乡"活动丰富自己人生经历,还可以提升自身素质。

(二)"三下乡"社会实践方案策划

1."三下乡"社会实践方案策划内容

策划内容一般包含活动名称、活动背景、活动主题、活动目的、活动时间、活动地点、活动可行性分析、前期准备、活动具体流程、活动预期效果、活动预算、成员名单、注意事项、活动预案等,可根据活动具体情况增减其中的一些内容。

2."三下乡"社会实践方案格式标准

策划用 A4 纸,上下左右各留出 2.5 厘米的页边距。

论文有封面、目录,从目录开始编写页码,页码必须位于每页页脚中部,用阿拉伯数字从"1"开始连续编号。

论文题目用三号黑体字、级标题四号黑体字,并居中。论文中其他汉字一律采用小四号黑色宋体字,单倍行距。图表说明字体可以根据排版要求自行设定。

(三)"三下乡"社会实践过程

在不同的高校都会有"三下乡"的活动策划要求。其实"三下乡"在学校也是一个不错的体验。在村里面可以体验到跟城市不一样的生活,那么这篇经验是关于在广东省某镇的体验。

"三下乡"社会实践

(1)要得到高效或者单位的认可,保证有一定的资金支持"三下乡"社会实践的进行。然后就要组建团队,找到适合的人也是很重要的。再然后就是要进行下一步的策划书撰写的阶段了,订下目标再执行。

(2)要确定主题和地点。这个就要涉及人员联系上的问题,很多时候需要多次的沟通。各自有各自负责的东西。那么在定下来能够合作的学校或者企业之后,就要去进行踩点,了解是否真的适合。

(3)社会实践的具体内容:①支教。可以以一间支教小学为大本营,开展一定期间之间活动,订下支教主题,同时组织不一样的户外活动。这个需要大家放下很多的心思,认真对待,给学生们留下一个好的印象。②经济调研,相对于其他的"三下乡"活动,这个是比较新颖的方式,策划者可以以访谈或者走访方式对企业或者产业进行经济调研,了解其发展情况,并做出对应的改善计划。这个适合于经济类的院校或者单位。③探访老人或者帮助村内比较需要帮助的人。可以在村委会主任或其他领导人的帮助下,获得孤寡老人以及贫困老人的资料,并进行拜访,谈心等工作,展现爱心。

(4)一切活动都需要提前做好安排与做好联系。保证住宿点以及饭堂。因为地区的特殊性,住宿点比较难确定。正常情况下,是在支教学校的地方订下住宿点和饭堂的。

(5)撰写社会实践报告。

二、新时代实践行

《中共中央办公厅印发〈关于建设新时代文明实践中心试点工作的指导意见〉的通知》可以从以下几方面理解:

(一)目标定位

承担起举旗帜、聚民心、育新人、兴文化、展形象的使命任务,围绕培育文明乡风、良好家风、淳朴民风,统筹城乡互动,宣传思想政策,传递文明风尚,打通宣传群众、教育群众、关心群众、服务群众的"最后一公里",打造融思想引领、道德教化、文化传承等多种功能于一体的基层综合平台,建设"传播思想、实践文明、成就梦想"的百姓之家。

(二)组织架构

构建"实践中心—实践分中心—实践站(所)"三级组织体系,形成新时代文明实践合力。县级层面,成立新时代文明实践中心;镇(街、园、区)层面,成立新时代文明实践分中心;村(社区)层面,成立新时代文明实践站。

县直部门、企事业单位层面,成立新时代文明实践站。

(三)主要内容

1. 传思想

持续深入学习宣传新时代中国特色社会主义思想。

2. 传政策

深入宣讲新旧动能转换、乡村振兴战略、法制建设实践以及农业农村教育、医疗、环境等各方面的方针政策,宣传相关法律法规知识。

3. 传道德

大力弘扬社会主义核心价值观,积极倡导社会公德、职业道德、家庭美德、个人品德,培育崇德向善、文明有礼的社会风尚。

4. 传文化

弘扬中华优秀传统文化、红色文化,传习文学艺术、绘画书法、传统习俗。

5. 传技能

组织开展劳动技能、科学技术、健康保健、传统技艺等实践活动,满足不同群体的工作生活需要。

(四)阵地建设

新时代文明实践中心(分中心、站)建设既要规范统一,又要讲究实际、突出特色,做到"五有",即有固定场所、有专人管理、有活动模式、有鲜明主题、有制度机制。

(五)队伍建设

依托志愿服务队伍和志愿者,组建政治过硬、素质优良、结构合理、专兼结合的文明实践队伍,打造一支聚合各类人才、有能力、有热情、靠得住、敢担当的文明实践主力军。重点组建五支队伍。

1. 专家队伍

重点用好以理论宣讲团、党校教师、职能部门业务骨干为支撑的专家队伍,传播党的理论和政策。

2. 专业队伍

重点用好文化艺术人才、民间文艺骨干、非物质文化遗产传承人、农村致富能手以及优秀法律从业者、科技人才、医务工作者等各类专家人才,做好传文化、传技能、传知识等工作。

3. 村(社区)志愿者队伍

重点发挥好返乡党员干部、退休职工、社会能人、调解员等作用,组建村

（社区）志愿者队伍，推动社会主义核心价值观扎根乡村，传树文明乡风。

4.五老队伍

重点发挥好老党员、老干部、老战士、老教师、老模范等志愿者队伍关爱帮扶未成年人的作用，做好学校文明实践工作。

5.百姓宣讲队伍

组织宣传身边好人、道德模范、文明家庭、最美系列人物等先进典型，通过身边人讲身边事、身边事教育身边人的方式，让广大群众接受文明洗礼，体会"身边的感动"。

（六）实践形式

1."讲"，全面深入宣讲

采取集中辅导报告、讲座、培训或分散小型、面对面的咨询、访问、恳谈、交心、拉家常等形式，宣讲理论政策，倡树文化道德。

2."评"，群众互动评议

利用"星级文明户"评选、善行义举四德榜等形式，组织群众对社会上和发生在身边的思想道德现象开展评议，推荐身边好人、道德模范，褒奖善行义举、惩戒道德失范行为。

3."帮"，真情关爱帮扶

组织机关干部、文明使者、志愿者采取上门拜访、心理疏导、公益帮扶、结对关爱等方式，培育邻里互助、守望相助、患难相恤的社会风尚。

4."乐"，多彩文化乐民

开展形式多样、广纳群众参与的文化活动，活跃繁荣基层文化生活。

5."庆"，庆典仪式传承

有计划地举行节日庆典活动，并以群众婚丧嫁娶等重要节点仪式为契机，培育文明礼仪，传承优秀传统文化。

大学生志愿者送科技下乡助力脱贫攻坚

2020 年 5 月 3 日，在五四青年节来临之际，伟人之乡小平故里广安市武胜县胜利镇吊井龙村这个贫困村，一大早迎来了一群"红马甲"（见图 6 - 2）——大学生志愿者，他们将新时代火热的爱国情怀投入到伟大的脱贫攻坚事业中，为贫困户送去家禽饲养技术、蔬菜种子及其栽培技术，为疫情后贫困户复耕复产、脱贫增收增强信心。

图 6 - 2　大学生"红马甲"

在贫困户刘双桂家，来自西安理工大学电气学院的志愿者梁馨月第三次来到她家进行脱贫攻坚回头看、回头帮、在庭院养鸡场，志愿者把《庭院养鸡病害防治技术》送到刘双桂手中，并给她详细讲解如何防治禽流感等养鸡技术知识。志愿者们集思广益，为她家增添巩固脱贫帮扶措施，细算经济账，还专门把珍珠鸡养殖技术填写在她家《扶贫手册》上，以助其发展庭院规模经济，养经济效益好的高产肉鸡增收稳脱贫。

在贫困户舒正光家，毕业于西安理工大学水电学院的志愿者毛朝轩为养殖能手脱贫致富女儿舒东梅指导了家禽防病养殖知识和养鹅技术。在同组脱贫致富带头人陈杰明的养鸭场，志愿者们还给他讲授稻田规模养鸭技术，并送去《高效养鸭新技术》等 7 本专业养鸭防病高产技术书籍，陈杰明高兴地说："大学生志愿者送科技到田间地头，大大增强了我带头引领全村脱贫致富的信心和决心。"

第三节　假期兼职

一、假期兼职陷阱

寒暑假时有不少大学生选择在假期打工,攒点下学期的学费和零花钱,但现在很多中介公司存在猫腻,大学生假期兼职需警惕。

（一）中介公司"金蝉脱壳"

小王是重庆大学大三的一名学生。前两天,他在学校公告栏里看到一则职介广告,承诺的酬劳不错。找到中介公司后,小王按其规定交了 100 元的中介费。此后的一个星期里,小王天天盼着他们给介绍工作,却一直没有音讯,按捺不住的他再去找该公司时,却发现已人去楼空。

（二）光收费不介绍

重庆师范大学大一学生小琳也在沙坪坝的一家中介公司交了 50 元中介费。不久,中介公司就电话通知她去一家公司面试。当她冒着酷暑来到这家公司时,却被告知该公司两天前就已招满了。此后,小琳多次打电话去这家中介询问,对方均以暂时没有适合她的工作为借口搪塞。

（三）发展"下线"

大学生小李遇到的陷阱则更隐蔽。他和同学在一家中介公司交了 50 元的中介费,被告知当前的任务是发展下线会员,之后再为他们集体介绍工作。结果中介公司不但没有兑现事先承诺的发展下线会员的提成,也没给介绍工作。

（四）千万小心黑中介

目前大学生兼职市场日趋成熟,已经有部分正规的大学生职介平台运营,但是想当一部分不法商家无任何资质,利用大学生社会经验不足来欺骗大学生,以帮忙介绍兼职工作为由诈骗学生钱财,甚至利用学生资料办理分期购物或分期贷款让学生还债,所以如果通过中介兼职的话,一定要确认商家的资质看清营业执照原件有无职业介绍内容,以及有无劳动部门颁发的《职业介绍许可证》。如果没有,千万不要相信任何说辞。

(五)拒绝各种形式的押金和压证件

针对大学生兼职进行诈骗的很多公司,都是让求职人员缴纳押金、保证金或培训费等各种名目的收费,这类行为几乎全部为欺诈行为,同学们如果遇到这种行为一定要在第一时间举报,避免更多学生上当。另外扣押证件的行为也一定要拒绝,避免被冒用信息从事贷款、欺骗等行为。

(六)从事正规行业,远离不法行为

近年来一些不法行业也瞄上了大学生兼职人员,引诱大学生从事不法行为。尤其是一些传销诈骗分子,利用发布虚假兼职信息,引诱学生入会"学习",所以一定要警惕这种行为,发现端倪及时报警。另外一些涉黄和诈骗分子也会引诱大学生牟利,对于这类非法行业,一定要远离,拒绝诱惑。

(七)协议签订需谨慎

部分学生感觉正规的公司才会和兼职学生签协议,所以为了工作在签协议的时候连内容都不看,这样极其容易被诈骗。在签订任何协议之前,一定要明确自己的权益,对于个人的薪资数额、时间以及工作安全方面予以详细的标明,避免陷入合同陷阱。

(八)谨防网络诈骗

社交软件上面经常会收到各种兼职信息如"打字赚钱""刷单兼职"等字眼,此类信息纯属欺骗,会以各种名义骗取费用。另外一种是以招聘的形式骗取个人信息,这类诈骗取和维权都比较困难,同学们一定不要轻易相信网上的任何兼职信息。

网络诈骗

大学生平时做兼职或暑期打工,一定要慎重选择用工单位,不要盲目入职,

防止不良的用工单位钻空子。缺乏诚信的用工单位有可能利用学生时间、精力和经济的限制，认准学生没有时间、精力或经济基础去维权，且用人时多为口头约定没有书面合同证据，从而在解除务工关系时产生占便宜的不良心理。故意不发、少发或拖延发放务工报酬，故意不退证件或押金，致使大学生吃哑巴亏。大学生暑期兼职时要坚持不押证件、不交押金，入职时一定要签订一份《短期务工协议》，最好是自己先拟一份《短期务工协议》，写明务工时间、务工报酬、支付时间与方式。这样，即使受骗上当了，也有维权的依据，协议在一年内都是有效的，可以抽时间申请劳动仲裁、提起诉讼或者进行投诉。

二、兼职劳动关系

（一）兼职员工也是劳动关系

现实生活中，劳动者在与一方建立劳动关系的同时，利用空余时间、下岗或停薪留职期间，又到其他单位上班的现象并不鲜见。在以往的司法实践中，对于劳动者的兼职行为，一些司法审判机关会以劳务关系对待。以至于一些劳动者在从事兼职活动时，无法享受社会保险、节假日、最低工资标准等应有的劳动保障待遇。

但自从 2008 年《劳动合同法》《劳动争议调解仲裁法》施行以后，对于劳动者的兼职行为，司法审判机关根据相关规定，基本持肯定态度。只要劳动者与兼职单位建立的用工关系符合劳动法的规定，原用人单位和兼职单位对劳动者的兼职行为没有异议，一般都认定劳动者与兼职单位之间也存在劳动关系，受劳动法的保护，以符合劳动法所倡导的"维护劳动者合法权益"的立法精神。

需要提醒的是，有些用人单位试图通过招用兼职人员来逃避劳动用工义务，未签订劳动合同、未缴纳五项保险、未支付加班费等违法用工现象仍比较普遍。因此，劳动者在从事兼职活动时，应当注重保护自己的合法权益，谨慎了解自己与兼职单位之间的各项权利义务。对于双方之间的法律关系以及权利义务，最好能通过书面合同的形式予以确认。

（二）区分劳动关系与劳务关系

1.规范和调整劳动关系与劳务关系在法律依据方面的主要区别

劳动关系由《中华人民共和国劳动法》规范和调整，而且建立劳动关系必须签订书面劳动合同。劳务关系由《中华人民共和国民法通则》和《中华人民共和国合同法》进行规范和调整，建立和存在劳务关系的当事人之间是否签订书面劳务合同，由当事人双方协商确定。

2.劳动关系主体与劳务关系主体的区别

劳动关系中的一方应是符合法定条件的用人单位，另一方只能是自然人，而且必须是符合劳动年龄条件，且具有与履行劳动合同义务相适应的能力的自然人；劳务关系的主体类型较多，如可以是两个用人单位，也可以是两个自然人。法律法规对劳务关系主体的要求，不如对劳动关系主体要求的那么严格。

3.当事人之间在隶属关系方面的区别

处于劳动关系中的用人单位与当事人之间存在着隶属关系是劳动关系的主要特征。隶属关系的含义是指劳动者成为用人单位中的一员，即当事人成为该用人单位的职工或员工（以下统称职工）。因为用人单位的职工与用人单位之间存在劳动关系这是不争的事实。而劳务关系中，不存在一方当事人是另一方当事人的职工这种隶属关系。如某一居民使用一名按小时计酬的家政服务员，家政服务员不可能是该户居民家的职工，与该居民也不可能存在劳动关系。

4.当事人之间在承担义务方面的区别

劳动关系中的用人单位必须按照法律法规和地方规章等为职工承担社会保险义务，且用人单位承担其职工的社会保险义务是法律的确定性规范；而劳务关系中的一方当事人不存在必须承担另一方当事人社会保险的义务。如居民不必为其雇用的家政服务员承担缴纳社会保险的义务。

5.用人单位对当事人在管理方面的区别

用人单位具有对劳动者违章违纪进行处理的管理权。如对职工严重违反用人单位劳动纪律和规章制度、严重失职、营私舞弊等行为进行处理,有权依据其依法制定的规章制度解除当事人的劳动合同,或者对当事人给予警告、记过、记过失单、降职等处分;劳务关系中的一方对另一方的处理虽然也有不再使用的权利,或者要求当事人承担一定的经济责任,但不含当事人一方取消当事人另一方本单位职工"身份"这一形式,即不包括对其解除劳动合同或给予其他纪律处分形式。

在支付报酬方面的区别。劳动关系中的用人单位对劳动者具有行使工资、奖金等方面的分配权利。分配关系通常包括表现为劳动报酬范畴的工资和奖金,以及由此派生的社会保险关系等。用人单位向劳动者支付的工资应遵循按劳分配、同工同酬的原则,必须遵守当地有关最低工资标准的规定;而在劳务关系中的一方当事人向另一方支付的报酬由完全由双方协商确定,当事人得到的是根据权利义务平等、公平等原则事先约定的报酬。

6.当劳动关系与劳务关系交叉时的处理

根据劳动部发布的《关于贯彻执行 < 中华人民共和国劳动法 > 若干问题的意见》指出:派出到合资、参股单位的职工如果与原单位仍保持者劳动关系,应当与原单位签订劳动合同,原单位可就劳动合同的有关内容在与合资、参股单位订立劳务合同时,明确职工的工资、保险、福利、休假等有关待遇。

兼职行为按照劳动法是属于劳动关系的,但是通常情况下没有书面的形式来确立劳动关系,所以最好还是以合同的形式来确立。

三、兼职实务过程

(一)深刻认识兼职意义

兼职行为在工作中我们经常遇到,在空闲时间找一些比较自由的兼职工作去做来赚取一定的报酬,减轻父母的负担,这是兼职的意义之一,除此之外,兼职还可以提高自己对这个社会的认识,锻炼自己的社会适应能力。但

这些都不是最重要的,兼职的真正意义在于把学校和社会联系起来,把现在与未来联系起来。

(二)从实际出发

何为实际,即自己的实际情况。比如你学习的是什么专业,你将来的职业梦想是什么,你的优势劣势是什么。认识到这些,如果你学的是新闻传播相关专业,不妨选择到报社等单位兼职;如果你学习的是市场营销专业,不妨选择当导购什么的;如果你学习的是计算机相关专业,不妨选择到 IT 公司或网络,电子商务公司兼职。即充分发挥自己的专业优势,既得到相应金钱回报也提前了解了本专业的相关职业信息,一箭双雕,何乐而不为呢?

光阴似箭,时间一去不复返,我们应该把有限的时间用到有意义的事情上,希望以后同学们在寻找兼职时目标更加明确。

📖 榜样故事

"80 后""90 后"后劳模这样说

过去,"干一行,爱一行"是一种信念和使命,如今"爱一行,干一行"见证更多人随着时代发展有了更为丰富的职业选择,青年一代可以在自己喜欢和热爱的基础上奋斗和创造,更为享受职业。

广州市劳动模范、"80 后"维修组长肖义:"沉迷"于工作中不断颠覆自我的感觉

2010 年 3 月,出生于 1987 年的肖义进入广州创维平面显示科技有限公司,开始了自己的职业生涯。2014 年被调任到公司模组车间后,肖义担任设备维护小组组长,扛起了 6 条生产线的改造重任,平均每条生产线的改造费用在 20 万元左右,相比于供应商提供的报价,每条生产线节省了 80 万元,共计为公司节省 480 万元。2017 年肖义又主持完成了模组车间新装 2 条自动化生产线的项目,实现智能生产线的可视化,提高了公司自动化生产率,节省了人工劳动力 20 名。

不到十年的工作经历,取得如此可观的成就,肖义无疑年轻有为。"这一行业是我自己的选择,我热爱所以愿意坚守下去。"肖义说,"我们的学习氛围很好，白天碰到问题，如果没有弄明白，直到晚上回去睡觉都会想。"肖义说，自己对目前工作充满热爱，这也是他坚持下去的最大动力。

"如果不加班维修好设备，整条生产线都会受到影响。"肖义说。做设备维修行业，遇到设备故障是常有的事情，作为维修工人必须时刻待命。

"优秀的劳动者应该时刻坚持着学习，社会发展这么快，不学习很快就会被淘汰，与其被时代颠覆，不如自我颠覆，我喜欢不断挑战和成长。"肖义说。

广东省五一劳动奖章获得者、"90后"剧院人许哲韬：很幸运可以选一份让自己乐在其中的工作

在2019年广州获得省五一劳动奖章的28人中，许哲韬是唯一的"90后"。出生于1992年的他于2015年从星海音乐学院作曲系毕业，没有选择从事音乐创作工作，而是选择了艺术管理的方向，他进入广州大剧院演出中心成为一名项目执行专员，主要负责歌剧的策划和引进工作。

"一台演出从选择、与演出方联系确定合作到最后呈现，我们是全流程跟进的。"工作以来，许哲韬的生活就是跟着演出走，在不定时工作状态中，只要有演出，他就得从早上盯着乐器道具到场、装台准备、安排服务艺术家等，直到晚上演出结束才算完成工作。

"工作强度不低，但我自己就是学艺术的，很喜欢这份工作，所以可以说是乐在其中。"许哲韬说，2016年开始他积极参与了广州首部"一带一路"题材的原创歌剧《马可·波罗》的项目工作，从前期筹备、剧本创作、音乐创作到舞台制作，历时三年的奋战，他一直在第一线。

许哲韬还是剧院的多面手，担任过中俄两国文化部共同主办的2017"俄罗斯文化节"开幕式音乐会等重要文化交流活动的舞台监督，也客串过剧院各种音乐会的翻译员，是不少国内外艺术家信赖的合作伙伴。工作之余，他在国内外专业音乐媒体发表中文及英文乐评，介绍中国音乐界、演出界发展现状。走出广州，他还在中山、佛山等地开展免费音乐欣赏普及讲座，担任佛山市马克思主义文化工作者培养工程讲师及"丝绸之路国际剧院联盟"剧院管理人才培养工程讲师。

活动实践

活动1 "七彩假期"暑假社会实践活动

【活动目标】

1. 在实践中,增强学生服务社会的意识和对社会负责的态度。

2. 锻炼学生参与劳动活动的能力,培养学生的合作探究能力和与人交往沟通的能力。

3. 培养学生的社会责任感和团队精神,增强学生服务他人、服务社会的意识。

4. 切实体味劳动,践行劳动精神。

【活动背景】

为大力传承中华传统美德,丰富学生的课余生活,使学生在社会实践活动中,提高实践能力,树立社会责任感,充分展示职业院校学生良好的精神风貌和个人素质。

【参加人员】

全体学生。

【活动内容】

1. "青春暖流"志愿服务

深入敬老院、福利院、孤儿院、火车站、汽车站等地方,广泛开展义务劳动、助残帮困、环境保护、公益宣传等活动。

2. "跨界"学习行动

鼓励广大学生通过深入企业,开展岗位体验、社会兼职勤工助学、专业调研、社会调查或创业实践等活动。

3. 文化同行溯本源(走进不一样的生活)

(1)了解当前经济社会发展的现状,走进社区、走进农村,开展调查人民生活状态等工作。

(2)调研民俗民风,主动进行各地区各民族的民风民俗、传统文化等专题调研。

4. 回访母校求创新

主动回访母校、访问校友、访问英雄人物、访问在社会上有影响的人和事，从他人的生平事迹中汲取正能量，勉励自身励志成才。

5. 追寻红色足迹

利用假期去参观一些历史博物馆、历史遗迹和英雄人物纪念堂馆等红色历史文化，追寻些伟人的足迹，提高自己的爱国意识。

注：以上实践活动内容仅供参考，同学们可以在以上内容中选择进行实践活动，也可以自行选择实践内容。

【活动要求】

1. 开展社会实践活动期间务必注意出行、人身、财产安全。

2. 考核方式：每名学生须提交暑假社会实践报告一份，讲述选择实践主题的理由、实践活动开展过程以及活动心得体会，字数 500 字以上，不得抄袭，附相关活动照片，新学期开学后各班以班为单位统一收（电子及打印版各一份）。暑假期间各班以班为单位积极向学院微信公众号投稿，学院官方微信择优予以推送。

【找一找】

通过参与劳动实践活动，我发现还存在的问题是：＿＿＿＿＿＿＿＿＿＿

＿＿＿＿＿＿＿＿＿＿＿＿＿＿＿＿＿＿＿＿＿＿＿＿＿＿＿＿＿＿＿＿

【总结反思】

活动总结	
我的收获	
我的不足	
改进措施	

【评一评】

评价项目	评价主体		
	自我评价	小组评价	教师评价
守时			
责任感			
自主意识			
应急能力			
活动成效			
实践能力			
人际交往			
合作精神			

注:评价等级为 A—优秀,B—良好,C—合格,D—不合格。

活动 2　"兼职,体验还是浪费?"演讲活动方案

【活动目标】

1.引导学生树立正确的兼职观,从事层次更高、意义更深的兼职。

2.兼职要量力而行,适可而止。

3.找好学习与兼职的平衡点,敢于尝试有一定知识含量的兼职。

4.强化课外科研意识,掌握业务技能,打好知识基础,拓宽兼职途径。

5.多了解相关方面的法律知识,在自身权益受到侵犯时,学会用法律保护自己。

【参加人员】

全体学生。

【指导思想】

以"兼职,体验还是浪费"为指引,引导同学们积极参与活动,以自己的切身感受,体验兼职带来的乐趣,以劳动促进道德品质的提升,把劳动与道德修养、情感体验、人生观、价值观有机地结合起来。

【活动主题】

兼职,体验还是浪费

【活动原则】

以"兼职,体验还是浪费"为主题,尽情发挥参赛选手的自身风采和演讲才能,以各自不同的、新颖的角度和方式表达对"兼职,体验还是浪费"的理解。

【活动内容】

1. 比赛时间:_____年_____月_____日。

2. 比赛地点:_____。

3. 比赛形式:由以下三个部分组成,每位选手的参赛时间总计10分钟。(抽签题目由学习部负责)

(1)已备演讲(限时5分钟):选手根据指定的主题自拟题目进行演讲。

(2)即兴演讲(限时3分钟):选手根据现成抽签得到的题目进行演讲。

(3)即兴问答(回答限时3分钟):参赛者回答评委随机提出的2个或3个问题。

【活动准备】

(一)参赛选手要求

1. 全校学社。

2. 主题为"兼职,体验还是浪费"。

3. 如需背景音乐,则自带音乐。

4. 自备服装和道具。

(二)时间初步安排

1. 赛前一个月通知各系部组织本专业人员准备。(秘书部和办公室负责)

2. 赛前一周报名截止。

3. 比赛当晚18:00各部门到舞台准备,18:30正式开始。

(三)赛前宣传

赛前一个月为比赛准备期和宣传期。宣传活动主要以海报的形式告知

同学们比赛的时间、内容等。（宣传部负责）

【比赛流程】

1. 主持人（由文艺部选男、女主持人各一名）致开幕词并介绍到场的评委、嘉宾。（评委由秘书部邀请系部领导和评委团担任）

2. 主持人介绍比赛的规则、评分细则。

3. 比赛开始，选手根据比赛前的抽签顺序进行比赛。

4. 其间主持人向观众及选手公布分数。

5. 每五位选手完成比赛之后，中间穿插互动环节，调节比赛气氛。（文艺部负责互动环节活动安排）

6. 待所有的选手完成比赛，邀请评委代表上台发言，工作人员统计分数。（生活部和女生部负责统计工作）

7. 评委发言后，主持人上台宣布比赛结果。（依次由单项奖到一等奖）

8. 上台颁奖。（奖品由外联部和办公室负责）

9. 主持人宣布比赛结束，全体工作人员、嘉宾、评委、选手合影留念。（宣传部负责拍照）

10. 工作人员负责做好后期工作。（体育部、纪检部、青年志愿者协会、心理协会负责后勤，校团委负责监督）

【注意事项】

1. 参赛者必须提前到场，到指定区域就座。

2. 为了考查演讲者的演讲与应变能力，比赛设有答辩环节，对此，希望参赛者赛前充分准备。

【活动预期效果】

1. 通过活动进一步提高同学们的爱劳动意识，知道劳动的艰辛，懂得尊重，爱惜劳动成果。

2. 通过活动使同学能主动地投入实践中，能体验劳动的快乐，能分享自己的劳动成果。

3. 搭建一个让同学们表现自己演讲水平的平台。通过参加各类演讲比赛,在实践中积累宝贵的经验。

4.提供一个教师了解同学们演讲水平的机会。借此机会,教师们能发现更多的"千里马",日后将代表学院参加更高水平的演讲比赛,为校争光。

【评分标准】

评价标准	分值	分数小计	教师评价
完成演讲稿,字数符合要求	30		
逻辑清晰,层次分明	20		
重点突出,详略得当	20		
语言流畅,不拖泥带水	10		
过渡自然,文字有吸引力	10		
体现自己的见识和理解	10		

探讨与思考

一、选择题

1.社会调研是一种系统的认识活动,它具有一定的结构和程序,要正确有效地进行社会调查,应该注意(　　　)。

A.正确的指导思想　　　　　　B.制定调查纲目

C.深入实际的作风　　　　　　D.科学的态度

2.常用的社会调研方法有(　　　)。

A.问卷调查法　　　　　　　　B.访谈法

C.观察法　　　　　　　　　　D.文献法

3.调研报告的写作特点包括(　　　)。

A.写实性　　　　　　　　　　B.针对性

C.逻辑性　　　　　　　　　　D.详实性

4.新时代实践行的主要内容不包括(　　　)。

A.传思想、传道德

B.传政策、传经验

C.传文化、传技能

5."三下乡"即( )方面的内容知识在农村普及。

A.文化 B.科技

C.卫生 D.教育

二、填空题

1.社会调研是_____、_____的方法。

2.调研报告的核心是实事求是地反映和分析客观事实。调研报告主要包括两个部分：一是_____，二是_____。

3.社会调查研究方法的原则是_____、_____、_____。

4.调研报告一般由_____和_____两部分组成。

5.新时代文明实践中心（分中心、站）建设既要规范统一，又要讲究实际、突出特色，做到"五有"，即_____、_____、_____、_____、_____。

三、简答题

1.社会调研有什么意义？

2.谈谈你说知道的社会实践项目有哪些？

3.结合你了解的假期兼职。

第七章　勤工助学

学习目标

知识目标

1. 了解大学生资助政策的内容
2. 了解勤工助学的意义
3. 了解勤工助学的要求

能力目标

1. 能够适应勤工助学的各个岗位工作
2. 能够根据自身情况申请国家的大学生资助金

思政目标

1. 全面提升大学生素质
2. 艰苦奋斗精神的传承

大学是学生从学校走向社会的一个阶梯,是学生全面提高自身素质的一个重要阶段。学生在大学期间掌握知识的程度和广度在很大程度上决定学生以后的发展。

学生求知途径有两种:一种来自书本;另一种来自实践。单纯的学校教育和课堂学习,容易使学生只会"纸上谈兵",只有理论知识,缺乏实践能力,形成眼高手低的坏习惯。所以,大学学习应实现理论和实践相结合。

勤工助学作为大学生实践活动中的活动之一,它有利于大学生知识的提升和扩展。

首先,随着知识体系的不断拓展,社会信息化不断更新,学校理论课程的结构可能存在滞后的现象。学校理论课所使用的教材往往是几年甚至十多年以前的知识总结,在知识的涵盖范围上也难以面面俱到。所以,最前沿最生动的知识有赖于我们的实践活动获得。

其次,大部分学生在大学阶段接触的都是自己的专业,而很少了解其他领域。但是,据调查显示,大部分学生毕业后没有或者无法从事所学专业或者与之相关的行业。这就要求大学生不但要具备扎实的专业基础知识,而且还要掌握一般的社会知识、人文知识等等,需在认知上进一步拓展自己的范围。而且这些知识都是日常生活所必须的,在实践中非常有用,也体现一个人的内在修养和文化形象。

大学生在勤工助学中所从事的具体工作和具体事务,即使是简单的派传单工作,都同某一个知识领域有着密切的联系。

最后,大学学习是一个认识的过程。唯物主义辩证法认为,认识必须从感性认识上升到理性认识,再由理性认识回到实践中去检验,实现第二次飞跃,而认识的目的就是为了指导实践。大学理论知识的学习是认识的第一次飞跃。而勤工助学为大学生提供了实现第二次飞跃的机会。

第一节　高校学生资助政策概述

一、新生入学资助项目

中西部生源的家庭经济困难新生可申请入学资助项目，解决入校报到的交通费和入学后短期生活费。就读本省院校的新生每人500元，就读省外院校的新生每人1000元。学生可向当地县级教育部门咨询办理。

中西部地区包括：河北省、山西省、内蒙古自治区、吉林省、黑龙江省、安徽省、江西省、河南省、湖北省、湖南省、广西壮族自治区、海南省、重庆市、四川省、贵州省、云南省、西藏自治区、陕西省、甘肃省、宁夏回族自治区、青海省、新疆维吾尔自治区、新疆生产建设兵团。

二、国家助学贷款

家庭经济困难学生可申请办理国家助学贷款，解决学费与住宿费，每人每年最高不超过8000元，在校期间利息由国家承担，还款期限原则上按学制加13年确定，最长不超过20年。国家助学贷款包括生源地信用助学贷款与校园地国家助学贷款，家庭经济困难学生可向户籍所在县（市、区）的学生资助管理机构咨询办理生源地信用助学贷款，或向高校学生资助部门咨询办理校园地国家助学贷款。

三、国家助学金

家庭经济困难学生入学后可申请国家助学金，解决在校学习期间的生活费，平均每人每年3000元。学生持《家庭经济困难学生认定申请表》于每年9月向高校提出申请，高校每学年评定一次。

四、国家奖学金

特别优秀的学生,从二年级起可申请获得国家奖学金,每人每年 8000 元。颁发国家统一印制的荣誉证书,并记入学生的学籍档案。

五、国家励志奖学金

品学兼优的家庭经济困难学生,从二年级起可申请获得国家励志奖学金,每人每年 5000 元。高校将获奖情况记入学生的学籍档案。

六、勤工助学

学生在学有余力的前提下,可以利用课余时间参加高校组织的勤工助学活动,通过劳动取得合法报酬,改善学习和生活条件等。

七、师范生公费教育

北京师范大学、华东师范大学、东北师范大学、华中师范大学、陕西师范大学和西南大学六所教育部直属师范大学的公费师范生,在校期间不用缴纳学费、住宿费,还可获得生活费补助。有志从教并符合条件的非师范专业优秀学生,在入学两年内,可按规定转入师范专业,高校返还学费、住宿费,补发生活费补助。

其他高校师范类专业学生可向所在院校咨询相关政策。

八、退役士兵教育资助

退役一年以上的自主就业退役士兵,在考入全日制普通高校后,可向高校申请学费资助。每人每年不超过 8000 元。

九、基层就业学费补偿贷款代偿

中央部属高校应届毕业生,自愿到中西部或艰苦边远地区基层单位就业,服务期达到 3 年及以上的,可获得学费补偿或国家助学贷款代偿,每人每年不超过 8000 元,分三年补偿或代偿完毕。

地方高校应届毕业生可向所在院校咨询相关政策。

十、应征入伍服义务兵役国家资助

应征入伍服义务兵役的高校学生,可获得国家资助。国家补偿学生在校期间缴纳的学费,或代偿国家助学贷款:在读学生(含新生)服役期间,保留学籍(或入学资格),退役后如自愿复学(或入学),可获学费减免,每人每年不超过 8000 元。

十一、直招士官国家资助

直接招收为士官的高校学生可获得国家资助。国家补偿学生在校期间缴纳的学费或代偿国家助学贷款,每人每年不超过 8000 元。

十二、其他资助政策与措施

(一)绿色通道

家庭经济特别困难的新生如暂时筹集不齐学费和住宿费,可在开学报到期间,通过高校开设的"绿色通道"先办理入学手续。入学后,高校资助部门根据学生具体情况开展困难认定,采取不同措施给予资助。

(二)学费减免

公办高校中家庭经济特别困难、无法缴纳学费的学生,特别是孤残学生、少数民族学生及烈士子女、优抚家庭子女等,可获得减免学费资助。具体办法由高校制订。

(三)辅助措施

各高校利用自有资金、社会组织和个人捐赠资金等,设立奖学金、助学金,对发生临时困难的学生发放特殊困难补助等。

📖 榜样故事

我和勤工助学不得不说的故事

故事一:

某高校周同学在计算机中心做勤工助学工作,她分享道:"有一回一个留学生来咨询,他问我为什么他在寝室上不了网,怎样才可以上网,是不是需要路由器之类的,他是用英文讲的我英语不是很好,有的单词听不懂,让他重复讲了好几遍才弄明白他的意思,当时就觉得太尴尬了,同时也意识到学好英语的重要性。"

周同学在工作过程中为其他同学解决麻烦的同时,更深切地认识到自己的不足之处,从而激发了加倍学习以增长知识、开阔眼界的热情。

故事二:

程同学在心理健康教育中心担任学生助理,她的工作内容主要是安排预约,作为咨询者和咨询师之间沟通的桥梁,尽量让咨询者满意,"刚开始因为不太了解工作,不知道怎么处理好一些事情,做了半年了之后很多都熟悉了,知道了熟能生巧,自己也慢慢地开始享受其中。"

另一位心理中心的助理也深有感触,她说:"我觉得我收获最大的一点就是通过自己的讲解,可以让人们明白原本不清楚的东西,当他们发出'哦,明白了'的时候,我心里就觉得特美,特自豪。我也学到了跟人交谈的方法,不同的人要通过不同的方式,要有耐心。"

故事三:

朱同学在传媒博物馆工作,她说:"在课余时间来做这些工作时间其实不紧张的,能和很和蔼的、知识很丰富的老师们学习,而且还能提高自己的行政办公能力,在虚心学习过程中变得越来越积极自信。"

此外,这些同学都表示通过自己的努力工作得到报酬是一件十分令人开心满足的事。"自己挣钱是一种很奇妙的感觉,每天工作也很有积极性。一是觉得自己可以挣钱了，花自己的钱也很心安，二是体会到挣钱的不易，对父母辛苦挣钱供我们读书有很大的触动，因此在生活中会尽量克制自己，学会理性消费"，周同学不禁发出这样的感慨。

第二节　勤工助学的意义

一、勤工助学与素质教育

勤工助学活动作为当前高校最有生命力的资助形式，必将逐步取代困难补助、减免学费等资助形式。学生一方面通过有偿的劳动获取经济报酬，解决自身的经济困难，从而改变过去"等、靠、要"的思想，变无偿资助为有偿助学；另一方面，又可以改变过去学校经费有限，受资助人员较少的局面，从而促进高校资助体系改革的深入发展。在素质教育中，要注意学生的智力因素与非智力因素的辩证关系。勤工助学活动不仅可以使学生的智力因素得到发挥，更重要的是它还能影响学生的非智力因素。作为教育工作者，必须充分认识勤工助学对智力因素及非智力因素的影响及对人的巨大作用。调动一切积极因素，努力培养学生的创新能力。

（一）勤工助学为素质教育提供物质保证

勤工助学工作是高校的一项长期性工作，这不仅是提高学生素质的长期需要，也是解决困难学生生活问题的需要。所以以勤工助学的方式完成学业并非"权宜之计"，而是由我国国情决定的"长远之策"。高校学生工作者主要从事的是学生的思想教育和管理工作，承担着学生思想道德素质、文化素质、健康素质、创新素质的培养中大量的工作。对经济困难学生的资助和帮助是学生工作重要内容之一，也是思想政治教育的有效载体。目前，由于多种因素影响，学生的思想及价值观向多元化方向发展，这要求思想政治工作的途

径也要多元化、全方位，因此应将学生的思想政治工作与特困生的资助、教育和疏导有机地结合起来，将它作为思想政治工作的一条重要途径，尽管家庭经济困难可能只发生在部分学生身上，但影响面很大，如果做好了，这必将成为学生思想政治工作的突破口。

（二）勤工助学培养了学生的独立意识

独立意识包括生活独立、学习独立和行为独立。在一般情况下，学生的独立意识是有的，而通过勤工助学又将其加强。对于从事勤工助学活动的同学来说，独立意识的培养在其活动过程中更为重要。值得一提的是，现在从事勤工助学活动的同学，不只是贫困生，也有许多家庭条件比较优越的学生。经济独立是个人独立的前提，他们自食其力，加强自主意识和主观能动性，同时也锻炼自己各方面的能力，并根据自己在实践中表现出来的缺点，有意识地改善和学习，从而真正地保持生活学习各方面的独立。

（三）勤工助学有助于大学生锻炼各方面能力，提高大学生综合素质

勤工助学的各种岗位是大学生施展才华、展示风采、锤炼意志、锻炼能力、转换思想的理想场所。在这些岗位上，大学生能够将理论与实践相结合，能够为自己的大学生涯增添一份难忘的经历，能够充分发挥自己的特长及聪明才智，能够发现和弥补自己的不足之处，使自己的交际能力、口头表达能力、管理能力、创造能力、风度仪表、形象气质等各个方面得到锻炼及提高。例如在市场调查活动中，大学生能学会如何适当应用各种交际礼节、交际技巧与之愉快相处，在短时间内赢得对方信任，获取所需要的信息，而这种能力正是高校就业体制改革后大学生就业中进行自我推销所必备的一种能力。

（四）勤工助学能培养学生良好的品德，树立远大理想和人生观

良好的品德，远大的理想，是一个人不断追求、积极进取的动力和源泉。加强对学生思想品德教育，帮助他们养成良好品行，树立起远大的理想和抱负。在勤工助学工作中，学生通过勤工助学，认识到自己在知识、能力、品质等方面的不足，使其变"要我学"为"我要学"，把学习变被动为主动，帮助学生树立远大的理想、培养良好的品德。此外，勤工助学还能造就大学生吃苦耐

劳、勇挑重担、团结协作、乐于助人的品德，使他们树立正确的人生观与价值观，把他们学到的知识与技能用到社会中去，勤工助学是学生适应经济社会的重要手段。

（五）勤工助学能培养学生坚韧不拔的毅力、持之以恒的精神

勤工助学工作能培养学生坚韧不拔的毅力、持之以恒的精神。胜不骄、败不馁的气度，是学生战胜学习生活中的困难和挫折、取得良好学习成绩的一个重要因素。在勤工助学工作中，他们会遇到各种各样的困难与挫折，还要通过学习，努力去克服这些困难与挫折，树立起他们克服困难与挫折的勇气和信心。

（六）勤工助学是实现素质教育的有效途径

相比传统教育，素质教育侧重的是学生自觉主动地学习，灵活运用知识，在敢于竞争的前提下，培养创新能力和实践能力，而勤工助学有助于学生这几方面的锻炼，它是应客观环境要求而产生的全方位、开放式、联系实际的教育方式。它能够把学生从教条主义、形式主义的"象牙塔"式教育中释放出来，扩大他们的生活圈子，在学校活动和社会活动的大舞台上，提供机会把他们引向社会，让他们接触了解社会，并积极投入，热情参与，把整个社会当作一种资源来运用，把世界当作教室，培养学生的实践能力，让他们在广阔的天地中享受素质教育的"春风夏雨"。

（七）勤工助学有利于提高学生的创新素质

现在是以高科技为特征的信息时代，高新科技已渗透于人类生产生活的方方面面，而高新科技的高低最终以科技创新能力来体现，因此在开展勤工助学中要注重提高学生的科技创新能力。

1. 创新意识是创新素质的前提

因为人的创新素质不仅将外化为新思想、新技术、新产品的发明创造应用层面，而且表现为善于发现问题、求新求变、积极探究的心理取向。创新意识包括强烈的创造激情、探索欲、求知欲、好奇心、自信心等心理品质，也包括

具有远大的理想、不畏艰难的勇气、锲而不舍的意志等非智力因素,因此在勤工助学工作中要最大限度地鼓励和保护学生的创新意识,树立学生创新的信心。

2. 勤工助学科技活动是将知识重新组合的综合能力和应用能力

勤工助学科技活动是对学生知识"重新组合"和应用能力的评价,是判断学生是否具备把原来几种知识联系起来合成为一种综合知识,或者把一种知识拆分成几个部分,然后以新的形式将这些部分重新联系起来,成为具有新特征、新功能、新内容知识的能力。勤工助学活动鼓励学生以更宽广的视角。从分割的学科课程里把握它们相互之间的关系和本质特征。勤工助学科技活动中的知识重组通常包括三种不同的层次:一是将某学科内部的知识进行重组,二是将不同学科的知识进行重组,三是将学科所包容的知识与未能包容的知识进行重组。三个层次的重组,后一个比前一个要求更高。勤工助学科技活动学生运用"重组"的知识,正确解释科学现象和社会现象,从而内化为创新能力和实践能力。

3. 在勤工助学科技活动中正确对待创新

培养创新精神和实践能力,激发人的潜能发展以创新能力为核心的全面素质是当今教育的目标所在,是勤工助学活动的根本目的所在。因此,在勤工助学的科技活动中,要积极鼓励学生敢于创新,善于创新,不能为自己的一点点创新成功而沾沾自喜,也不能为自己的创新失败而灰心丧气。作为勤工助学管理者,以科学的态度和民主的精神对待学生,要对学生进行鼓励、鞭策、引导,为学生创造条件、提供帮助,使学生的设想得以实现。只有这样,学生创造的潜能才能得到最大限度的激发。

总之,培养创新精神和实践能力,激发人的潜能,发展以创新能力为核心的全面素质是当今教育的目标所在,是勤工助学活动的根本目的所在。世界经济一体化,使得各行各业都以惊人的速度向前发展,在激烈的市场竞争中求生存、谋发展。这对"象牙塔"中埋头苦读的大学生应以一种紧迫感、责任感和时代精神投身到轰轰烈烈的勤工助学中去,在勤工助学活动中拓宽视野,了解社会,增长才智,提高素质。

二、高校勤工助学在大学生资助体系中的意义

国务院办公厅《关于切实解决高校贫困家庭学生困难问题的通知》和共青团中央、教育部《关于进一步做好大学生勤工助学工作的意见》强调指出,帮助数百万高校贫困学生解决经济困难,使其顺利完成学业,是高校坚持社会主义办学方向、加强思想政治工作的重要内容,是推进素质教育全面实施、加强和改进大学生思想政治教育的重要举措,勤工助学是高校人才培养的关键环节,有助于贫困大学生的健康成才。勤工助学在引导学生融入社会、适应社会、服务社会的过程中发挥着不可替代的作用,已成为促进大学生社会化的一条有效途径。

(一)锤炼贫困生的思想素养,强化自身修养

勤工助学是大学生克服自身挫折感,在逆境中图强的过程,实质上也是自我教育与提高的过程,对增强大学生的自立意识和劳动观念非常重要。通过勤工助学,大学生体会到了劳动的艰苦、生活的艰辛,学会了计划开支、勤俭生活、学会理解、懂得感恩。明白了独立自强的内涵,树立自信心和责任感,增强了自我约束和管理,有效地帮助大学生培养劳动观念和职业道德,锻炼品格毅力,提高综合素质,实现德智体美全面发展。

(二)增强贫困生的专业技能,提升竞争实力

勤工助学是多层次、全方位的社会实践活动,是课堂教育的补充和扩展。它不仅能提高学生的专业水平,锻炼专业知识的运用能力,引导学生不断合理地调整知识结构,还能帮助学生走向社会、认识社会、了解社会,使自己的知识和能力得到社会的认同,在实践中磨炼意志、提炼心灵、锻炼能力。同时,大学生通过开展勤工助学和社会服务活动,可以检测自己的知识结构和业务能力。对知识结构的完善、知识领域的拓展、知识层次的升华和个人素质的提高等方面都起到积极的促进作用。

（三）提高大学生综合素质，拓展自主创新能力

在勤工助学的过程中，学生可以学到人际交往的知识和经验，积累开展社会活动的能力，在实践中发现自身价值。勤工助学能培养学生的时间观念、纪律观念、劳动观念、团队观念等，使大学生活过得紧张而充实。有的大学生从事经营型、管理型勤工助学活动，还有的学生在毕业前创办了自己的品牌公司，提前走上了自主创业、自食其力的道路，为广大贫困学生提供走向自主的经济基础，促进大学生生活自立化。帮助学生树立"自立自强、回报社会"的意识，积极地结合实践来设计自己的人生道路，用自己的知识为周围的人和社会服务。

（四）加强对贫困生的教育和引导，起到"心理解困"的功能

贫困生因其特殊的家庭环境和生活条件，使他们的心理问题更为突出，主要表现为自卑、人际交往困难、心身疾病频繁。贫困生进行勤工俭学，扩大交往圈，间接的对其进行教育和引导。帮助他们树立正确的人生观、价值观，引导他们摒弃"等、靠、要"的依赖心理，树立起自强自立的精神，使他们穷而益坚，在逆境中奋发成才。另外，提高贫困生的承受挫折能力和自我调节能力，使他们正确看待暂时的困难，并认真对待困难，勇敢接受生活的挑战。使他们自尊、自信、自立、自强，克服自卑心理，用乐观向上的态度，学会自我调适，在竞争中完善和发展自己。

📖 **榜样故事**

助学政策助我成长

我叫周翠翠，是兰州大学信息院计算机科学与技术专业的一名大三学生，来自黑龙江省七台河市一个普通的矿工家庭。爸爸是一名普通的煤矿工人，每天辛苦工作十多个小时，每个月也只有几百元的收入，而这微薄的收入却是全家的唯一经济来源。妈妈的身体不好，北方寒冷的气候让妈妈得了关节炎，总是腰疼、关节麻木，但是她总是挺着，从来都不舍得去看病。

我考上大学的时候，正好哥哥也在上大学，我和哥哥的学费对我们这个

普通的矿工家庭来说真的是一笔巨大的开支，爸爸、妈妈为我们的学费犯了难，东拼西凑结果还是差了很多，后来我了解国家为保证我们这些家庭困难的学生也可以顺利读完大学，为我们提供了一些资助政策，我不想让爸妈为了我为难，同时也想给他们减轻一些生活压力，于是我申请了国家助学贷款。

从大一开始，我就是我们班的特困生，我利用这个机会申请了一个勤工助学岗位，虽然大三的学习很重，但是我还是一直坚持着，因为我想靠自己的努力为年迈的父母减轻一点负担、去年寒假在大家都回家与家人团聚的时候，我选择留在了学校，与几个老乡一起去兰州找家教工作，就是为了能节省一些费用作为我下一学期的生活费。而今年国家推出了新的助学政策，真的是帮我解决了很多生活中的难题。感谢国家对我这些经济困难学生的关注，及时帮助我们解决生活中遇到的困难。

拮据的生活并没有使我软弱，它反而锻炼了我坚韧的性格。国家对我们的关怀，让我体会到了身在这个祖国大家庭的温暖。为了感谢党和国家对我的帮助，我决定用我的实际行动，努力学习，作为对国家的感谢，在大学生活中，我从不与同学攀比吃穿，而是暗自下决心要在学习上跟他们争个高下。自从上大学以来，我一直都在努力地学习，在两次的班级综合评比中，我分别以第五名和第十名的成绩，连续两次获得了三等奖学金。

虽然我的求学之路因贫困而充满荆棘，但是我相信在国家、政府以及学校的帮助下我一定能克服这些困难，在求学的道路上走得更远，虽然贫困，但是我从来也没有忘记我作为一名大学生的责任，我会在今后的生活中尽自己所能帮助别人，用我的努力让更多的人体会到温暖，将关爱的火炬传承下去；同时我也会在今后的学习生活中更加努力，争取取得更好的成绩，回报社会。

第三节　参与勤工助学

一、勤工助学概述

（一）活动管理

学生在学有余力的前提下,向学校提出勤工助学的申请,接受必要的勤工助学岗前培训和安全教育,再由学校统一安排到校内或校外的岗位上进行勤工助学活动。学校不得安排学生参加有毒、有害和危险的生产作业以及超过身体承受能力、有碍健康的劳动。任何单位和个人未经学校同意,不得聘用在校学生打工。

（二）时间安排

学生参加勤工助学不应当影响学业,原则上每周不超过 8 小时,每月不超过 40 小时。寒暑假勤工助学时间可根据学校的具体情况适当延长。

（三）劳动报酬

学生参加校内固定岗位的勤工助学,其劳动报酬由学校按月计算。每月 40 个工时的酬金原则上不低于当地政府或有关部门制定的最低工资标准或居民最低生活保障标准,可以适当上下浮动。

学生参加校内临时岗位的勤工助学,其劳动报酬由学校按小时计算。每小时酬金原则上不低于 12 元人民币。学生参加校外勤工助学的酬金标准不低于学校所在地政府或有关部门规定的最低工资标准,具体数额由用人单位、学校与学生协商确定,并写进聘用协议。

校内临时岗位按小时计酬。每小时酬金可参照学校当地政府或有关部门规定的最低小时工资标准合理确定,原则上不低于每小时 12 元人民币。

校外勤工助学酬金标准不应低于学校当地政府或有关部门规定的最低

工资标准,由用人单位、学校与学生协商确定,并写入聘用协议。

(四)权益保护

当与有关单位签订协议,保护自身的合法权益。学生在进行校内勤工助学前,应当与学校的学生勤工助学管理服务组织签订具有法律效力的协议书。学生在进行校外勤工助学前,应当与代表学校的学生勤工助学管理服务组织、用人单位签订具有法律效力的三方协议书。协议书应当明确学校、用人单位和学生三方的权利和义务,意外伤害事故的处理办法以及争议解决方法。

二、勤工助学岗位选择

勤工助学岗位一般分为固定岗位和临时岗位。

(1)固定岗位是指持续一个学期以上的长期性岗位和寒暑假期间的连续性岗位。

(2)临时岗位是指不具有长期性,通过一次或几次勤工助学活动即完成任务的工作岗位。

一见钟"勤"不离不弃岗位类型主要包括管理助理、教学助理、科研助理和辅导员助理等。学生可通过学校网站查询详细岗位信息,根据自身情况选择合适的岗位进行申请。

三、勤工助学面试准备

任何面试都是面试者对求职者筛选的一个过程。对方需要从你提供的信息中判断你是否适合当前的岗位。作为求职者,无论面试何种岗位,都要注重沟通效率,在短时间内充分展示自己的特长、个性、优势、能力等,给对方留下好的印象。

准备面试时,可以从以下问题入手,做好充分准备:

(1)请用描述你的基本情况。

(2)你有什么工作经验?在工作中有何体验和收获?

（3）你认为此工作岗位应当具备哪些素质？

（4）你如何描述自己的个性？你觉得你性格上最大的优点和缺点分别是什么？

（5）你为什么认为自己适合这份工作？

📖 榜样故事

我的勤工助学心得

依稀记得刚踏入大学的瞬间，一股狂热便慢慢地从心底升起，那时的我犹如一只刚出笼的小鸟，活蹦乱跳地活跃在校园的各个角落，对校园的一草一木、一桌一椅都充满了好奇，对学校的各种勤工助学岗位更是充满了向往，"苦心人，天不负"，通过在学校勤工助学中心报名、面试，我终于成了一位勤工助学者。

对部分同学来说，参加勤工助学并不是一件值得喜悦的事情，在他们眼里，那点微薄的劳动报酬并不算什么，一个月的辛勤付出还不够买一件名牌衣服，不够一次请客吃饭，更不够去一次KTV的花销，可对我而言，却意义重大。我来自农村，家里经济不算富裕，每月勤工助学所得的费用至少解决了我当月的生活费。

也有人认为，参加勤工助学不是一件光彩的事，因为那会让自己在同学们面前感到很尴尬，但我并不这样认为，我反而以此为荣，我们并不能改变自己的出身，但我们可以改变自己，通过勤工助学，我不仅能减轻家里的负担，更能锻炼自己，通过参加勤工助学，我不仅结识了很多朋友，更重要的是培养了自己吃苦耐劳、做事持之以！恒的态度。

还有人认为，参加勤工助学会妨碍我们的学习，但我认为，作为大学生，我们应全面发展自己，努力提高自己各方面的能力，而且一路走来我发现，参加勤工助学不但没有影响我的学习，还促进了我的学习。因为参加勤工助学，我更加珍惜我的学习时间了，正因为如此，我的学习效率提高了很多。

"天行健，君子以自强不息；地势坤，君子以厚德载物"，通过打扫教室，让我知道了什么是坚持不懈，什么是持之以恒，更重要的是，我会将这种精神坚持下去，无论在勤工助学中，抑或是在学习中，还是在做其他事情，当然，我也知道了，什么叫一分耕耘一分收获。在未来的生活中，我一定会更加努力，用更好、更优质的态度为学校做力所能及的贡献，我相信，只要我们大家一起努力前行，一步一个脚印，就能携手创建更干净、更美好的校园。

🌐 活动实践

活动1　"勤者自助，达者自强"主题演讲

【演讲主题】

"勤者自助，达者自强"

【活动目的】

1. 提升大家的演讲能力，增强大家的语言表达能力、应变能力和抗压能力。

2. 给大家一个展示自我、提升自我的舞台和机会。

3. 给同学们搭建提升自我的平台，号召同学们积极参与；带动身边的人自立自强，正视生活中的困难与挫折；合理规划大学生涯，科学定位人生，让更多的人从困惑与自卑的阴影中走出来，树立信心，勇敢面对新的挑战，重塑新的自我。

4. 培养同学之间的团队合作精神。

5. 增强学生的自信心，发扬比赛的优良传统，选拔优秀演讲人才。

6. 明确勤工助学作为一种实践活动对于自身的意义。

【活动原则】

以"勤者自助，达者自强"为主题，尽情发挥参赛选手的自身风采和演讲才能，以各自不同、新颖的角度诠释自强的深意，提升自我的信心，感召身边的同学热爱生活，正视困境。

【赛前准备】

1. 宣传部负责打印 30 份宣传单于×号晚自习通知于各个班级,并且排版好海报(日期、内容等)张贴在宣传栏、食堂及报告厅门口。为了保证复赛当日到场人数,各班级通知并统计签到。

2. 秘书部负责邀请列席评委,初赛邀请有经验的系学生组织负责人,复赛邀请学工处及相关老师担任评委。(所有评委和嘉宾由秘书部发出邀请函)

3. 外联部负责此次活动的经费和赞助商的邀请。

4. 策划部负责人要提前定好报告厅,提前布置会场,准备好评委打分的纸笔和计算工具;准备好水和奖状及奖品。

5. 文艺部负责比赛期间的节目排演,各部门协助帮忙,听从调动安排。

6. 作好分工,明确分配任务,责任到人。

【会场安排】

1. 在舞台上放置演讲者需要的演讲台(待定)、话筒及话筒的电池。

2. 手提一台,主要用来播放选手需要的配乐,以及 PPT(PPT 需要显示的是选手的演讲题目)交由秘书部负责。

注:准备备用手提一台,以防出现突发状况。

3. 音箱等设备提前借好,并提前安装、调试。

4. 安排宣传部有关人员进行比赛期间的照相,以备后期宣传使用。

5. 会场第一排为评委席,提前准备好纸、笔,并为每位评委准备好饮用水。

6. 会场舞台旁安排 2~3 名人员为后勤,门口安排 2 人负责迎宾以及统计得分的人员。

7. 参赛者就座于会场北面前四排。

8. 其他参加的观众以班级为单位,划分区域。

【活动流程】

1. 参赛选手抽取参赛序号。

2. 主持人介绍参赛评委。

3. 主持人宣读演讲比赛规则、评分标准。

4. 按序号进行精彩演讲。

5. 评委逐人评分。

6. 评委点评。

7. 公布获奖名单。

【比赛规则】

1. 时间:每人 5~8 分钟,少时、超时酌情扣分。

2. 选材:内容要围绕"勤者自助,达者自强"的主题,题材不限。

3. 参赛选手要求脱稿。

4. 各参赛选手必须听取其他选手的演讲;遵守会场纪律,不起哄、不喝倒彩,做文明观众,对每一位选手的演讲都给予掌声鼓励。

【评分标准】

评价标准	评价细则	分值	分数小计	教师评价
演讲内容	内容契合主题,见解独到			
	材料真实、典型、新颖			
	讲稿层次分明,构思巧妙			
语言表达	吐字清晰,声音洪亮			
	语速适当,表达有节奏感			
形象风度	举止自然得体,精神饱满			
	适当运用手势、表情等辅助表达			
综合表现	演讲效果好,富有较强的感染力			

活动2　办公室助理,储备办公室技能

【活动目标】

1. 贯彻教育部、财政部关于《高等学校勤工助学管理办法》的要求。

2. 学生通过协助教师进行相关工作,帮助学校或社会完成特殊任务,培养自立自强和积极进取精神。

3. 加强理论与实际的联系,使学生掌握一定的生产知识和劳动技能,办

公室助理岗为学生提供脑力劳动的机会,帮助学生树立劳动意识,锻炼学生的办公室工作能力。

4.经济困难的学生通过利用业余时间参与勤工助学活动,缓解经济负担,改善学习和生活条件,增加实践经验,帮助顺利完成学业。

5.推进学生劳动教育,构建新的人才培养模式,促进学生成长成才。

【基本技能】

1.具备基本的办公室劳动工作能力。

2.能够熟练使用日常办公软件,如 Word、PowerPoint、Excel 等。

3.具备良好的文书编辑撰写能力。

4.具备良好的语言表达能力及沟通组织协调能力。

5.具备文件材料整理管理技能。

【参加人员】

在校家庭困难的学生。

【活动设计】

(一)活动宣传

1.学期初,由学校向各学院下发本学期勤工助学岗位通知及岗位要求,学院向各专业班级学生传达通知。

2.学校负责教师向学院负责学生介绍勤工助学岗位职责及人员要求。

(二)活动参与

1.学生本人填写《勤工助学申请书》,学院根据实际情况签署意见,报勤工助学中心备案。

2.经批准参加勤工助学活动的学生,将资料录入勤工助学管理系统,并接受勤工助学中心统一组织的岗前培训,培训合格后发放《勤工助学上岗证》。

3.学生持《勤工助学上岗证》到指定岗位直接上岗或参加设岗部门组织的竞争上岗。

(三)岗位设置

招聘人数:根据岗位实际需要人数确定。

聘任时限:当前学期。

工作时段:8:00—12:00,14.00—17:50。

工作机制:依据学生课余时间实行排班制。

工资待遇:

1.参照学校勤工助学标准。

2.聘期结束后,考核合格者由学校出具实习证明。

(四)岗位职责要求

1.熟练使用 Word、Excel、PowerPoint 等软件工具。

2.有较好的文字功底,能快速、准确地完成会议记录等工作。

3.熟悉学校教务部门及其他各个部门的工作,并协助完成学校与系相关文件材料的整理、提交与分发工作。

4.具有较强的工作责任心。

5.完成教学办公室临时交办的其他工作。

【保护安全】

1.做好预备功课,摸清情况,对工作内容做到大致了解,以免出现问题。

2.做好办公室安全保卫工作,加强防火安全意识,在工作场所内除工作用电外,严禁其他个人用电、明火等,以免出现安全隐患。

3.负责教师细心组织、领导学生完成各项工作,完善办公室助理岗位机制,培养学生负责任、勇担当的意识。

【考核评价】

1.学生的勤工助学工资的发放,需依据考勤老师的考核评价。

2.若出现以下情况,指导老师可根据个人表现情况相应扣除部分工资。

(1)工作不配合或不认真,对学生工作造成严重影响。

(2)私自占有或损坏组织公共财物。

(3)对工作情况汇报不属实。

3.以一周为实习期,一周后方可转正(实习期工资照常发放)。对不能履行工作职责的学生,相关单位将进行警告批评,工作仍无改进,不能达到要求

者,勤工助学监督小组可予以辞退。

探讨与思考

一、选择题

1. 国家励志奖学金,每人每年( )元。

A. 5000   B. 4000   C. 3000   D. 3500

2. 退役士兵教育资助,每人每年不超过( )元。

A. 7000   B. 6500   C. 8000   D. 8500

3. 学生参加勤工助学,每小时酬金原则上不低于( )元人民币。

A. 12   B. 11   C. 10   D. 15

4. 勤工助学岗位一般分( )。

A. 固定岗位和临时岗位   B. 固定岗位

C. 临时岗位   D. 随机岗位

二、填空题

1. 国家助学贷款包括＿＿＿＿＿＿＿＿与＿＿＿＿＿＿＿＿,每人每年最高不超过＿＿＿＿＿＿＿＿元,在校期间利息由国家承担,还款期限原则上按学制加＿＿＿＿＿＿＿＿年确定,最长不超过＿＿＿＿＿＿＿＿年。

2. 国家助学金,平均每人每年＿＿＿＿＿＿＿＿元。学生持《家庭经济困难学生认定申请表》于每年＿＿＿＿＿＿＿＿向高校提出申请,高校每学年评定＿＿＿＿＿＿＿＿。

3. 基层就业学费补偿贷款代偿,每人每年不超过＿＿＿＿＿＿＿＿元,分＿＿＿＿＿年补偿或代偿完毕。

4. 应征入伍服义务兵役国家资助,每人每年不超过＿＿＿＿＿＿＿＿元。

5. 学校不得安排学生参加＿＿＿＿＿＿＿＿和＿＿＿＿＿＿＿＿生产作业以及＿＿＿＿＿＿＿＿。

6. 学生参加勤工助学,原则上每周不超过＿＿＿＿＿＿＿＿小时,每月不超过＿＿＿＿＿＿＿＿小时。

三、简答题

1. 简述勤工助学的意义。

2. 勤工助学面试需要做哪些准备?

3. 简述高校勤工助学在大学生资助体系中的意义。

附　录

附录1　中共中央 国务院
关于全面加强新时代大中小学劳动教育的意见

（2020 年 3 月 20 日）

为构建德智体美劳全面培养的教育体系，现就加强新时代大中小学劳动教育提出如下意见。

一、充分认识新时代培养社会主义建设者和接班人对加强劳动教育的新要求

（一）重大意义。劳动教育是中国特色社会主义教育制度的重要内容，直接决定社会主义建设者和接班人的劳动精神面貌、劳动价值取向和劳动技能水平。长期以来，各地区和学校坚持教育与生产劳动相结合，在实践育人方面取得了一定成效。同时也要看到，近年来一些青少年中出现了不珍惜劳动成果、不想劳动、不会劳动的现象，劳动的独特育人价值在一定程度上被忽视，劳动教育正被淡化、弱化。对此，全党全社会必须高度重视，采取有效措施切实加强劳动教育。

（二）指导思想。以习近平新时代中国特色社会主义思想为指导，全面贯彻党的教育方针，落实全国教育大会精神，坚持立德树人，坚持培育和践行社会主义核心价值观，把劳动教育纳入人才培养全过程，贯通大中小学各学段，贯穿家庭、学校、社会各方面，与德育、智育、体育、美育相融合，紧密结合经济社会发展变化和学生生活实际，积极探索具有中国特色的劳动教育模式，创

新体制机制,注重教育实效,实现知行合一,促进学生形成正确的世界观、人生观、价值观。

（三）基本原则

——把握育人导向。坚持党的领导,围绕培养担当民族复兴大任的时代新人,着力提升学生综合素质,促进学生全面发展、健康成长。把准劳动教育价值取向,引导学生树立正确的劳动观,崇尚劳动、尊重劳动,增强对劳动人民的感情,报效国家,奉献社会。

——遵循教育规律。符合学生年龄特点,以体力劳动为主,注意手脑并用、安全适度,强化实践体验,让学生亲历劳动过程,提升育人实效性。

——体现时代特征。适应科技发展和产业变革,针对劳动新形态,注重新兴技术支撑和社会服务新变化。深化产教融合,改进劳动教育方式。强化诚实合法劳动意识,培养科学精神,提高创造性劳动能力。

——强化综合实施。加强政府统筹,拓宽劳动教育途径,整合家庭、学校、社会各方面力量。家庭劳动教育要日常化,学校劳动教育要规范化,社会劳动教育要多样化,形成协同育人格局。

——坚持因地制宜。根据各地区和学校实际,结合当地在自然、经济、文化等方面条件,充分挖掘行业企业、职业院校等可利用资源,宜工则工、宜农则农,采取多种方式开展劳动教育,避免"一刀切"。

二、全面构建体现时代特征的劳动教育体系

（四）把握劳动教育基本内涵。劳动教育是国民教育体系的重要内容,是学生成长的必要途径,具有树德、增智、强体、育美的综合育人价值。实施劳动教育重点是在系统的文化知识学习之外,有目的、有计划地组织学生参加日常生活劳动、生产劳动和服务性劳动,让学生动手实践、出力流汗,接受锻炼、磨炼意志,培养学生正确劳动价值观和良好劳动品质。

（五）明确劳动教育总体目标。通过劳动教育,使学生能够理解和形成马克思主义劳动观,牢固树立劳动最光荣、劳动最崇高、劳动最伟大、劳动最美丽的观念;体会劳动创造美好生活,体认劳动不分贵贱,热爱劳动,尊重普通劳动者,培养勤俭、奋斗、创新、奉献的劳动精神;具备满足生存发展需要的基

本劳动能力,形成良好劳动习惯。

（六）设置劳动教育课程。整体优化学校课程设置,将劳动教育纳入中小学国家课程方案和职业院校、普通高等学校人才培养方案,形成具有综合性、实践性、开放性、针对性的劳动教育课程体系。

根据各学段特点,在大中小学设立劳动教育必修课程,系统加强劳动教育。中小学劳动教育课每周不少于1课时,学校要对学生每天课外校外劳动时间作出规定。职业院校以实习实训课为主要载体开展劳动教育,其中劳动精神、劳模精神、工匠精神专题教育不少于16学时。普通高等学校要明确劳动教育主要依托课程,其中本科阶段不少于32学时。除劳动教育必修课程外,其他课程结合学科、专业特点,有机融入劳动教育内容。大中小学每学年设立劳动周,可在学年内或寒暑假自主安排,以集体劳动为主。高等学校也可安排劳动月,集中落实各学年劳动周要求。

根据需要编写劳动实践指导手册,明确教学目标、活动设计、工具使用、考核评价、安全保护等劳动教育要求。

（七）确定劳动教育内容要求。根据教育目标,针对不同学段、类型学生特点,以日常生活劳动、生产劳动和服务性劳动为主要内容开展劳动教育。结合产业新业态、劳动新形态,注重选择新型服务性劳动的内容。

小学低年级要注重围绕劳动意识的启蒙,让学生学习日常生活自理,感知劳动乐趣,知道人人都要劳动。小学中高年级要注重围绕卫生、劳动习惯养成,让学生做好个人清洁卫生,主动分担家务,适当参加校内外公益劳动,学会与他人合作劳动,体会到劳动光荣。初中要注重围绕增加劳动知识、技能,加强家政学习,开展社区服务,适当参加生产劳动,使学生初步养成认真负责、吃苦耐劳的品质和职业意识。普通高中要注重围绕丰富职业体验,开展服务性劳动、参加生产劳动,使学生熟练掌握一定劳动技能,理解劳动创造价值,具有劳动自立意识和主动服务他人、服务社会的情怀。中等职业学校重点是结合专业人才培养,增强学生职业荣誉感,提高职业技能水平,培育学生精益求精的工匠精神和爱岗敬业的劳动态度。高等学校要注重围绕创新创业,结合学科和专业积极开展实习实训、专业服务、社会实践、勤工助学等,重视新知识、新技术、新工艺、新方法应用,创造性地解决实际问题,使学生增强诚实劳动意识,积累职业经验,提升就业创业能力,树立正确择业观,具有到艰苦地区和行业工作的奋斗精神,懂得空谈误国、实干兴邦的深刻道理;注重培育公共服务意识,使学生具有面对重大疫情、灾害等危机主动作为的奉献精神。

(八)健全劳动素养评价制度。将劳动素养纳入学生综合素质评价体系,制定评价标准,建立激励机制,组织开展劳动技能和劳动成果展示、劳动竞赛等活动,全面客观记录课内外劳动过程和结果,加强实际劳动技能和价值体认情况的考核。建立公示、审核制度,确保记录真实可靠。把劳动素养评价结果作为衡量学生全面发展情况的重要内容,作为评优评先的重要参考和毕业依据,作为高一级学校录取的重要参考或依据。

三、广泛开展劳动教育实践活动

(九)家庭要发挥在劳动教育中的基础作用。注重抓住衣食住行等日常生活中的劳动实践机会,鼓励孩子自觉参与、自己动手,随时随地、坚持不懈进行劳动,掌握洗衣做饭等必要的家务劳动技能,每年有针对性地学会1至2项生活技能。鼓励学校(家委会)和社区等组织开展学生生活技能展示活动。学生参加家务劳动和掌握生活技能的情况要按年度记入学生综合素质档案。鼓励孩子利用节假日参加各种社会劳动。家庭要树立崇尚劳动的良好家风,家长要通过日常生活的言传身教、潜移默化,让孩子养成从小爱劳动的好习惯。

(十)学校要发挥在劳动教育中的主导作用。学校要切实承担劳动教育主体责任,明确实施机构和人员,开齐开足劳动教育课程,不得挤占、挪用劳动实践时间。明确学校劳动教育要求,着重引导学生形成马克思主义劳动观,系统学习掌握必要的劳动技能。根据学生身体发育情况,科学设计课内外劳动项目,采取灵活多样形式,激发学生劳动的内在需求和动力。统筹安排课内外时间,可采用集中与分散相结合的方式。组织实施好劳动周,小学低中年级以校园劳动为主,小学高年级和中学可适当走向社会、参与集中劳动,高等学校要组织学生走向社会、以校外劳动锻炼为主。

附录

（十一）社会要发挥在劳动教育中的支持作用。充分利用社会各方面资源，为劳动教育提供必要保障。各级政府部门要积极协调和引导企业公司、工厂农场等组织履行社会责任，开放实践场所，支持学校组织学生参加力所能及的生产劳动、参与新型服务性劳动，使学生与普通劳动者一起经历劳动过程。鼓励高新企业为学生体验现代科技条件下劳动实践新形态、新方式提供支持。工会、共青团、妇联等群团组织以及各类公益基金会、社会福利组织要组织动员相关力量、搭建活动平台，共同支持学生深入城乡社区、福利院和公共场所等参加志愿服务，开展公益劳动，参与社区治理。

四、着力提升劳动教育支撑保障能力

（十二）多渠道拓展实践场所。大力拓展实践场所，满足各级各类学校多样化劳动实践需求。充分利用现有综合实践基地、青少年校外活动场所、职业院校和普通高等学校劳动实践场所，建立健全开放共享机制。农村地区可安排相应土地、山林、草场等作为学农实践基地，城镇地区可确认一批企事业单位和社会机构，作为学生参加生产劳动、服务性劳动的实践场所。建立以县为主、政府统筹规划配置中小学（含中等职业学校）劳动教育资源的机制。进一步完善学校建设标准，学校逐步建好配齐劳动实践教室、实训基地。高等学校要充分发挥自身专业优势和服务社会功能，建立相对稳定的实习和劳动实践基地。

（十三）多举措加强人才队伍建设。采取多种措施，建立专兼职相结合的劳动教育师资队伍。根据学校劳动教育需要，为学校配备必要的专任教师。高等学校要加强劳动教育师资培养，有条件的师范院校开设劳动教育相关专业。设立劳模工作室、技能大师工作室、荣誉教师岗位等，聘请相关行业专业人士担任劳动实践指导教师。把劳动教育纳入教师培训内容，开展全员培训，强化每位教师的劳动意识、劳动观念，提升实施劳动教育的自觉性，对承担劳动教育课程的教师进行专项培训，提高劳动教育专业化水平。建立健全劳动教育教师工作考核体系，分类完善评价标准。

（十四）健全经费投入机制。各地区要统筹中央补助资金和自有财力，多种形式筹措资金，加快建设校内劳动教育场所和校外劳动教育实践基地，加强学校劳动教育设施标准化建设,建立学校劳动教育器材、耗材补充机制。学校可按照规定统筹安排公用经费等资金开展劳动教育。可采取政府购买服务方式,吸引社会力量提供劳动教育服务。

(十五)多方面强化安全保障。各地区要建立政府负责、社会协同、有关部门共同参与的安全管控机制。建立政府、学校、家庭、社会共同参与的劳动教育风险分散机制,鼓励购买劳动教育相关保险,保障劳动教育正常开展。各学校要加强对师生的劳动安全教育,强化劳动风险意识,建立健全安全教育与管理并重的劳动安全保障体系。科学评估劳动实践活动的安全风险,认真排查、清除学生劳动实践中的各种隐患特别是辐射、疾病传染等,在场所设施选择、材料选用、工具设备和防护用品使用、活动流程等方面制定安全、科学的操作规范,强化对劳动过程每个岗位的管理,明确各方责任,防患于未然。制定劳动实践活动风险防控预案,完善应急与事故处理机制。

五、切实加强劳动教育的组织实施

(十六)加强组织领导。在党委统一领导下,各级政府要把劳动教育摆上重要议事日程,出台相关政策措施,切实解决劳动教育实施过程中的重大问题,做好督促落实。省级政府要加强劳动教育工作的统筹协调,明确市地级、县级政府及有关部门加强劳动教育的职责,推动建立全面实施劳动教育的长效机制。

(十七)强化督导检查。把劳动教育纳入教育督导体系,完善督导办法。对地方各级政府和有关部门保障劳动教育情况以及学校组织实施劳动教育情况进行督导,督导结果向社会公开,同时作为衡量区域教育质量和水平的重要指标,作为对被督导部门和学校及其主要负责人考核奖惩的依据。开展劳动教育质量监测,强化反馈和指导。

(十八)加强宣传引导。引导家长树立正确劳动观念,支持配合学校开展劳动教育。加强劳动教育科学研究,宣传推广劳动教育典型经验。积极宣传企事业单位和社会机构提供劳动教育服务的先进事迹。注重挖掘在抗疫救灾等重大事件中涌现出来的典型人物和事迹,大力宣传不畏艰难、百折不挠、敢于担当的高尚品格。鼓励和支持创作更多以歌颂普通劳动者为主题的优

秀作品,大力宣传辛勤劳动、诚实劳动、创造性劳动的典型人物和事迹,弘扬劳动光荣、创造伟大的主旋律,旗帜鲜明地反对一切不劳而获、贪图享乐、崇尚暴富的错误观念,营造全社会关心和支持劳动教育的良好氛围。

附录2　大学生社会实践活动实施细则

大学生社会实践活动是青年学生成长成才的必由之路,大学生参加社会实践,了解社会、认识国情,增长才干、奉献社会,锻炼毅力、培养品格,对于加深对邓小平理论、"三个代表"重要思想、科学发展观的理解,深化对党的路线方针政策的认识,坚定在中国共产党领导下,走中国特色社会主义道路,实现中华民族伟大复兴的共同理想和信念,增强历史使命感和社会责任感,具有不可替代的重要作用,对于培养中国特色社会主义事业的合格建设者和可靠接班人具有极其重要的意义。

一、社会实践活动的主要内容和组织形式

大学生社会实践活动是指学生在假期和平时课余时间,有组织地进行以科技文化服务、社会调查、志愿服务等为主要内容的实践活动。

(一)社会实践活动的主要内容

1. 深入城镇、乡村、部队、科研院所、企事业单位开展社会考察和社会调查活动,从而引导学生了解社会、了解国情,同时对社会和企业的发展献计献策。

2. 科技服务活动面向经济建设主战场,面向城镇社区、县乡的中小型企业、乡镇企业,结合所学专业,发挥技术特长,在教师的指导下开展科技攻关、工程设计、科技成果推广、科技咨询和技术服务等活动,使科学技术为现实生产服务。

3. 文化服务活动深入城镇社区和贫困乡村,开展文化培训、科普讲座、法律宣传和咨询等活动,服务社区和乡村的文明建设。

4. 志愿服务活动

(1)立足校园,开展志愿服务,承担力所能及的学生事务等工作;

(2)深入社区开展敬老助残帮困服务、义务家教活动、社区公益事业服务等活动;

（3）与企业、部队、科研院所、乡村、居委会等单位开展其他形式的志愿服务活动。

（二）社会实践活动的组织形式

1.利用假期,学校统一组织的集中营队和分散形式活动。

2.利用平时和假期学生个体在学校周围或家乡附近分散性活动。

3.课余组织开展志愿者社区援助活动。

4.其他集中团队实践活动。

二、参加社会实践活动的基本要求

（一）学生参加社会实践活动,要本着校内与校外相结合,平时与假期相结合,集中与分散相结合的原则。

（二）在校研究生、本、专科生都必须参加社会实践活动。根据我校具体情况,除平时的活动外,要求本科生参加7次假期社会实践活动,累计时间不少于50天;专科生参加5次假期社会实践活动,累计时间不少于35天;研究生参加3次假期社会实践活动,累计时间不少于20天。另外,在校学生每年参加志愿服务活动时间不少于30小时。

三、社会实践活动的考核和表彰

（一）社会实践活动的考核学生参加社会实践活动,每学期考评一次,其成绩计入学生素质综合测评成绩中。

1.学生参加社会实践活动,要填写《社会实践活动登记表》,由活动组织单位或活动接收单位填写证明或鉴定意见。学生社会实践活动成绩评定依据该登记表及社会实践活动成果。无任何证明或鉴定意见者,原则上不能记成绩。

2.学生寒假参加社会实践活动不少于5天,暑假参加社会实践活动不少于10天,时间不足者,原则上不能记及格以上成绩。

3.学生每学期(包括假期)参加志愿者活动的时间不少于15小时,时间不足者,原则上该学期社会实践活动不能记及格以上成绩。

4.成绩评定的标准和细则,由校团委会同有关部门统一制定另行下发。

5.社会实践成绩由活动小组给出初评意见,在此基础上,由辅导员、团支部、班委会参照测评标准给出成绩并报院学生社会实践领导组审核批准。

6.社会实践活动成绩测评时间为每学期开学后第二周至第三周。

（二）社会实践活动的表彰每年暑期开学后，对社会实践进行一次总结和表彰。

1.学生参加社会实践活动，一学年两次考评成绩都在90分以上者，可作为校级社会实践活动积极分子给予表彰，表彰名单由院社会实践活动领导组提名，校社会活动领导组审定。

2.省级以上社会实践活动积极分子，由校社会实践活动领导组在校社会活动积极分子中选拔产生。

3.社会实践活动优秀组织者和优秀指导教师的表彰，由校社会实践活动领导组推荐，报校社会实践活动领导组审定。

4.社会实践活动先进集体和优秀组织单位的产生，在自行申报的基础上，由校社会实践活动领导组评定。

四、社会实践活动的组织

（一）成立学校社会实践活动领导组，由分管学生工作的党、政领导和校团委、学生工作部、教务处、党委宣传部、研究生院（筹）和学生会等部门的负责人组成，负责对全校社会实践活动进行统筹安排、制定计划、实施和总结表彰。办公室设在校团委。各学院也要成立相应的领导组，负责本学院的社会实践活动。

（二）全体专职团干部和辅导员要亲自组织和带领学生开展社会实践活动。团干和辅导员外出联系和组织社会实践活动享受出差待遇，并按照计算教学工作量有关规定计教学工作量。

（三）要广泛发动专业教师指导学生社会实践活动。教师指导学生开展社会实践活动，教学工作量计算办法和带领学生实习带队相同，外出活动享受出差待遇。

（四）学校各有关部门，也应大力支持学生社会实践活动，为学生社会实践活动提供条件和保障。

五、社会实践活动经费的来源、管理和使用

（一）为了保证学生社会实践活动的顺利开展，学校每年拨出一定数量的专款作为学生社会实践活动专项经费。在此基础上，也可根据上级有关文件精神，学生通过社会实践创收或争取社会的支持来解决部分经费。

（二）学生社会实践活动的经费由校团委统一管理使用。

（三）社会实践活动经费主要用于带队及指导员教师和学生的生活补助、社会实践活动的日常开支、社会实践活动的宣传、总结、表彰等方面。

（四）学生社会实践活动经费，应全部用于学生活动，不得挪作他用。

六、社会实践活动的宣传、总结、深化工作

（一）要大力加强社会实践活动成果的宣传。校报、校广播台、校有线电视台在特定时间内，要开辟《社会实践活动专栏》或专题节目。各级团学组织也要利用墙报、板报等形式，对社会实践活动成果进行广泛宣传。每年暑期社会实践活动，学校要专门成立通讯组，负责通讯报道和编写活动及安保工作。各学院也要设通讯员报道本院的活动情况。

（二）为了扩大和深化社会实践活动的教育效果，在组织搞好成绩考评的基础上，各级团组织和学生工作系统还要组织各种形式的宣传、交流活动，如社会实践活动成果展览、演讲会、报告会、座谈会等。在此基础上不断总结经验，推动我校学生社会实践活动健康、深入地向前发展。

（三）本规定自颁布之日起执行。

附录3 高等学校勤工助学管理办法

(2018年修订)

第一章 总则

第一条 为规范管理高等学校学生勤工助学工作,促进勤工助学活动健康、有序开展,保障学生合法权益,帮助学生顺利完成学业,发挥勤工助学育人功能,培养学生自立自强、创新创业精神,增强学生社会实践能力,特制定本办法。

第二条 本办法所称高等学校是指根据国家有关规定批准设立、实施高等学历教育的全日制普通本科高等学校、高等职业学校和高等专科学校(以下简称学校)。

第三条 本办法所称学生是指学校招收的本专科生和研究生。

第四条 本办法所称勤工助学活动是指学生在学校的组织下利用课余时间,通过劳动取得合法报酬,用于改善学习和生活条件的实践活动。

第五条 勤工助学是学校学生资助工作的重要组成部分,是提高学生综合素质和资助家庭经济困难学生的有效途径,是实现全程育人、全方位育人的有效平台。勤工助学活动应坚持"立足校园、服务社会"的宗旨,按照学有余力、自愿申请、信息公开、扶困优先、竞争上岗、遵纪守法的原则,由学校在不影响正常教学秩序和学生正常学习的前提下有组织地开展。

第六条 勤工助学活动由学校统一组织和管理。学生私自在校外兼职的行为,不在本办法规定之列。

第二章 组织机构

第七条 学校学生资助工作领导小组全面领导勤工助学工作,负责协调学校的宣传、学工、研工、财务、人事、教务、科研、后勤、团委等部门配合学生资助管理机构开展相关工作。

第八条 学校学生资助管理机构下设专门的勤工助学管理服务组织,具体负责勤工助学的日常管理工作。

第三章　学校职责

第九条　组织开展勤工助学活动是学校学生工作的重要内容。学校要加强领导,认真组织,积极宣传,校内有关职能部门要充分发挥作用,在工作安排、人员配备、资金落实、办公场地、活动场所及助学岗位设置等方面给予大力支持,为学生勤工助学活动提供指导、服务和保障。

第十条　加强对勤工助学学生的思想教育,培养学生热爱劳动、自强不息、创新创业的奋斗精神,增强学生综合素质,充分发挥勤工助学育人功能。

第十一条　对在勤工助学活动中表现突出的学生予以表彰和奖励;对违反勤工助学相关规定的学生,可按照规定停止其勤工助学活动。对在勤工助学活动中违反校纪校规的,按照校纪校规进行教育和处理。

第十二条　根据本办法规定,结合学校实际情况,制定完善本校学生勤工助学活动的实施办法。

第十三条　根据国家有关规定,筹措经费,设立勤工助学专项资金,并制定资金使用与管理办法。

第四章　勤工助学管理服务组织职责

第十四条　确定校内勤工助学岗位。引导和组织学生积极参加勤工助学活动,指导和监督学生的勤工助学活动。

第十五条　开发校外勤工助学资源。积极收集校外勤工助学信息,开拓校外勤工助学渠道,并纳入学校管理。

第十六条　接受学生参加勤工助学活动的申请,安排学生勤工助学岗位,为学生和用人单位提供及时有效的服务。

第十七条　在学校学生资助管理机构的领导下,配合学校财务部门共同管理和使用学校勤工助学专项资金,制定校内勤工助学岗位的报酬标准,并负责酬金的发放和管理工作。

第十八条　组织学生开展必要的勤工助学岗前培训和安全教育,维护勤工助学学生的合法权益。

第十九条　安排勤工助学岗位,应优先考虑家庭经济困难的学生。对少数民族学生从事勤工助学活动,应尊重其风俗习惯。

第二十条　不得组织学生参加有毒、有害和危险的生产作业以及超过学生身体承受能力、有碍学生身心健康的劳动。

第五章　校内勤工助学岗位设置

第二十一条　设岗原则：

（一）学校应积极开发校内资源，保证学生参与勤工助学的需要。校内勤工助学岗位设置应以校内教学助理、科研助理、行政管理助理和学校公共服务等为主。按照每个家庭经济困难学生月平均上岗工时原则上不低于 20 小时为标准，测算出学期内全校每月需要的勤工助学总工时数（20 工时 × 家庭经济困难学生总数），统筹安排、设置校内勤工助学岗位。

（二）勤工助学岗位既要满足学生需求，又要保证学生不因参加勤工助学而影响学习。学生参加勤工助学的时间原则上每周不超过 8 小时，每月不超过 40 小时。寒暑假勤工助学时间可根据学校的具体情况适当延长。

第二十二条　岗位类型：

勤工助学岗位分固定岗位和临时岗位。

（一）固定岗位是指持续一个学期以上的长期性岗位和寒暑假期间的连续性岗位；

（二）临时岗位是指不具有长期性，通过一次或几次勤工助学活动即完成任务的工作岗位。

第六章　校外勤工助学活动管理

第二十三条　学校勤工助学管理服务组织统筹管理校外勤工助学活动，并注重与学生学业的有机结合。

第二十四条　校外用人单位聘用学生勤工助学，须向学校勤工助学管理服务组织提出申请，提供法人资格证书副本和相关的证明文件。经审核同意，学校勤工助学管理服务组织推荐适合工作要求的学生参加勤工助学活动。

第七章　勤工助学酬金标准及支付

第二十五条　校内固定岗位按月计酬。以每月 40 个工时的酬金原则上不低于当地政府或有关部门制定的最低工资标准或居民最低生活保障标准为计酬基准，可适当上下浮动。

第二十六条　校内临时岗位按小时计酬。每小时酬金可参照学校当地

政府或有关部门规定的最低小时工资标准合理确定,原则上不低于每小时 12 元人民币。

第二十七条　校外勤工助学酬金标准不应低于学校当地政府或有关部门规定的最低工资标准,由用人单位、学校与学生协商确定,并写入聘用协议。

第二十八条　学生参与校内非营利性单位的勤工助学活动,其劳动报酬由勤工助学管理服务组织从勤工助学专项资金中支付;学生参与校内营利性单位或有专门经费项目的勤工助学活动,其劳动报酬原则上由用人单位支付或从项目经费中开支;学生参加校外勤工助学,其劳动报酬由校外用人单位按协议支付。

第八章　法律责任

第二十九条　在校内开展勤工助学活动的,学生及用人单位须遵守国家及学校勤工助学相关管理规定。学生在校外开展勤工助学活动的,勤工助学管理服务组织必须经学校授权,代表学校与用人单位和学生三方签订具有法律效力的协议书。签订协议书并办理相关聘用手续后,学生方可开展勤工助学活动。协议书必须明确学校、用人单位和学生等各方的权利和义务,开展勤工助学活动的学生如发生意外伤害事故的处理办法以及争议解决方法。

第三十条　在勤工助学活动中,若出现协议纠纷或学生意外伤害事故,协议各方应按照签订的协议协商解决。如不能达成一致意见,按照有关法律法规规定的程序办理。

第九章　附则

第三十一条　科研院所、党校、行政学院、会计学院等研究生培养单位根据本办法规定,制定完善本单位学生勤工助学活动的实施办法。

第三十二条　本办法由教育部、财政部负责解释。

第三十三条　本办法自公布之日起施行。教育部、财政部印发的《高等学校勤工助学管理办法》(教财〔2007〕7 号)同时废止。

教育部财政部

2018 年 8 月 20 日

附录4 致敬普通劳动者的"一日人生"

2020年5月1日,快手联合人民视频推出《一日人生》劳动节接力直播,从5点至24点,"水果医生"、武铁武汉所铁警、外卖小哥和演员矢野浩二等19位不同职业人轮番上阵,记录真实生活(见图附-1)。当天,《一日人生》系列直播观看人次达3121万,点赞数2522万,其中人民视频直播间吸引了超过1000万人次观看。

图附-1 《一日人生》19位职业人

新的一天,从升旗仪式开始。主播"尘客将军"为网友直播北京天安门广场的升旗全程。清晨5时许,仪仗队员迈着整齐划一的步伐踏过金水桥,穿过长安街。一切准备就绪后,5点15分,在国歌伴奏下五星红旗冉冉升起。"尘客将军"是快手平台短视频红人,坚持每天为观众直播升降旗,宣扬正能量。

网红"水果医生"王野虓接力直播,他是黑龙江省鹤岗市人民医院重症医学科(ICU)的主治医师,擅长以浅显易懂的语言科普医学知识。在直播中,他用水果模拟人体器官,为网友讲解妇科疾病原理和治疗方式。此外,他还通过情景模拟的方式教授常见的基础急救技巧。王野虓从2018年开始尝试给

猕猴桃做龙凤胎剖宫产,用苹果演示心脏缝合手术,给芒果切阑尾……生动有趣的手术示范令他一举爆红。

"90后"无臂女孩杨莉用脚做了一盘西红柿炒鸡蛋和一碗清汤面,在直播间边吃边和网友聊天。她因童年时期的一场意外失去双臂,此后学习用脚生活,不少人在直播间中祝福她早日找到心仪对象。杨莉于2018年开设快手账号,化名"芯痧"在平台分享日常生活,展示用脚化妆、洗脸、写字、织毛衣、包饺子、切西瓜等各种细节。她的励志人生以及乐观积极的生活态度感动了无数网友。

在中国生活了20年的日本演员矢野浩二在直播中讲述了自己的工作学习经历,并分享了饮食和身材管理方法。作为"中国人的女婿"和"中国人最熟悉的日本面孔",矢野浩二直言非常喜欢中国。中国新冠肺炎疫情暴发初期,他第一时间筹集了13万只口罩,从日本寄往中国。

除此之外,维持市容的环卫工人,唤醒味蕾的早餐铺老板,武铁武汉所最帅铁警,登上时代杂志的外卖小哥高治晓,快手主播"娃娃",以及消防员、婚礼主持人、交警、农民工、北漂青年、妇产科医生等各行各业的劳动者均出现在直播中,为网友呈现日常工作,体现了平凡人的不平凡人生。

参考文献

[1] 邱服兵,涂敏霞,沈杰.中国志愿服务典型项目研究[M].北京:人民出版社,2015.

[2] 邵根成,杨四清,孙艳艳.文明礼仪教育读本[M].郑州:郑州大学出版社,2015.

[3] 魏茂峰,陈玙.学生劳动生存的教育[M].合肥:安徽人民出版社,2015.

[4] 丁晓鹃,赵亮新.时期大学生思想政治教育[M].北京:中国人事出版社,2017.

[5] 陈秋明.大学生志愿服务理论与实践[M].北京:商务印书馆,2018.

[6] 何卫华,林峰.大学生劳动教育理论与实践教程[M].厦门:厦门大学出版社,2019.

[7] 檀传宝.劳动创造美好生活[M].北京:中国劳动社会保障出版社,2019.

[8] 刘向兵.新时代高校劳动教育论纲[M].北京:社会科学文献出版社,2019.

[9] 郑银凤."95后"大学生劳动观教育研究[M].北京:中国社会科学出版社,2019.